サッと使えて　しっかり指導！

食育サポート集①

CD-ROMつき

もくじ

食育サポート教材

朝ごはん

3つの食品グループ／6つの基礎食品群

手洗い

※(低)(中)(高)(中学生)は、(低)→小学校低学年、(中)→小学校中学年、(高)→小学校高学年、(中学生)→中学生向けのめやすです。あくまでもご参考にしてください。

本書の特色

本書は、食に関する指導を短時間で行うために必要な教材を豊富に掲載した書籍です。制作にあたっては、各地の先生方からご要望をお聞きし、まとめていきました。

テーマごとに「シナリオ」と「ビジュアルカード」､「ワークシート」で構成しているので、すぐに指導ができます。また、指導内容をより深めるための「掲示資料」や、保護者に伝えるための「たより素材」も掲載し、忙しい先生方の食育を丸ごとサポートさせていただく内容になっています。巻末には、給食試食会素材集として「給食試食会パワーポイント素材」や「給食試食会表紙案」なども掲載しました。

また、本書の内容のすべてを、付属の CD-ROM に収録していますので、先生方が指導しやすい内容に文章やイラストを変更することも可能です。

基本のページ構成

食育サポート教材

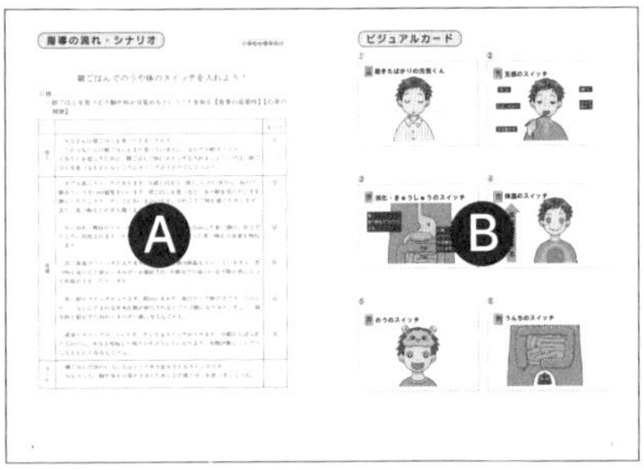

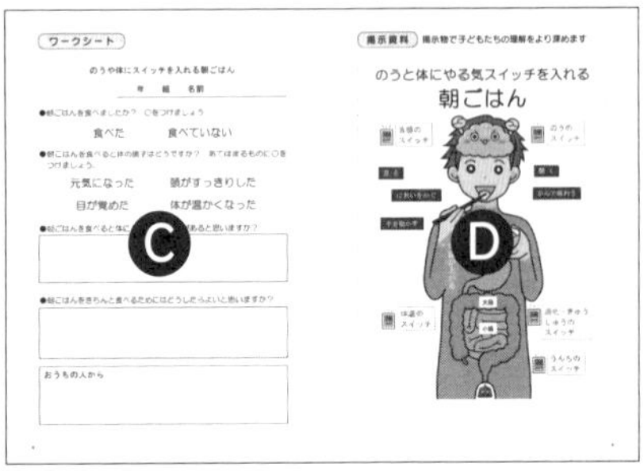

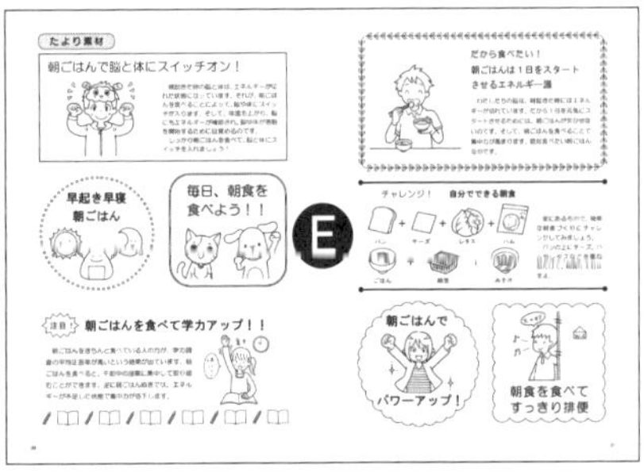

Ⓐ 指導の流れ・シナリオ

どなたでもすぐに使えるように指導の流れ・シナリオを掲載しています。

Ⓑ ビジュアルカード

指導の流れに合わせたビジュアルカードを掲載しています。

Ⓒ ワークシート

指導に関連したワークシートを掲載しています。

Ⓓ 掲示資料

指導をより深めるための掲示資料を掲載しています。

Ⓔ たより素材

子どもたちへの指導内容を、保護者へ伝えるためのたより素材を掲載しています。

給食試食会素材集

給食試食会パワーポイント素材や配布資料の表紙案、たより素材などを掲載しています。

食育サポート教材

指導の流れ・シナリオ
ビジュアルカード　ワークシート
掲示資料　たより素材

指導の流れ・シナリオ

小学校中学年向け

朝ごはんでのうや体のスイッチを入れよう！

目標

・朝ごはんを食べると脳や体が目覚めるということを知る【食事の重要性】【心身の健康】

		カード
導入	みなさんは朝ごはんを食べてきましたか？ この元気くんは朝ごはんをまだ食べていません。なんだか眠そうです。元気くんを起こすために、朝ごはんで体にスイッチを入れましょう。では、朝ごはんを食べるとどんなところにスイッチが入るのでしょうか？	①
展開	まず五感にスイッチが入ります。五感とは見る、聞く、においをかぐ、味わう、触るという５つの感覚をいいます。朝ごはんを食べると、食べ物を見たり、手を動かしたりします。そしてにおいをかいだり、かむことで味を感じたりします。また、食べ物をかむ音も聞こえますね。	②
	次に消化・吸収のスイッチが入ります。かんで、のみ込んだ食べ物は、胃でどろどろに消化されます。そして、小腸でどろどろになった食べ物から栄養を吸収します。	③
	次に体温のスイッチが入ります。眠っていた体は体温も下がっていますよ。食べ物を食べると体にエネルギーが補給され、汁物などの温かい食べ物が体に入って体温が上がります。	④
	次に脳のスイッチが入ります。脳のエネルギー源はブドウ糖だけです。ごはんやパンなどに含まれる炭水化物が消化されるとブドウ糖になります。そして、脳や体を動かすためのエネルギー源になるんですよ。	⑤
	最後のスイッチは、うんちをしたくなるスイッチが入ります。小腸から送られたものから、水分を吸収した残りかすがうんちになります。大腸が動くことでうんちをしたくなるんですよ。	⑥
まとめ	朝ごはんは体のいろいろなところを目覚めさせるスイッチです。 みなさんも、脳や体を目覚めさせるために必ず朝ごはんを食べましょうね。	

ビジュアルカード

①

ON
OFF
起きたばかりの元気くん

②

ON
OFF
五感のスイッチ
見る
聞く
においをかぐ
かんで味わう
手を動かす
のみこむ

③

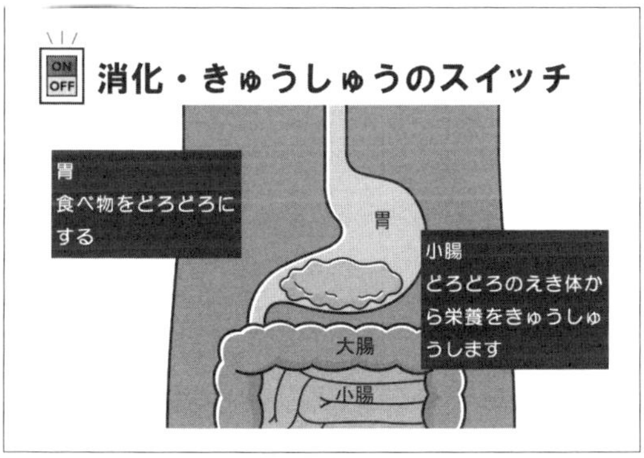
ON
OFF
消化・きゅうしゅうのスイッチ
胃
食べ物をどろどろにする
胃
小腸
どろどろのえき体から栄養をきゅうしゅうします
大腸
小腸

④

ON
OFF
体温のスイッチ
体温が上がる

⑤

ON
OFF
のうのスイッチ

⑥

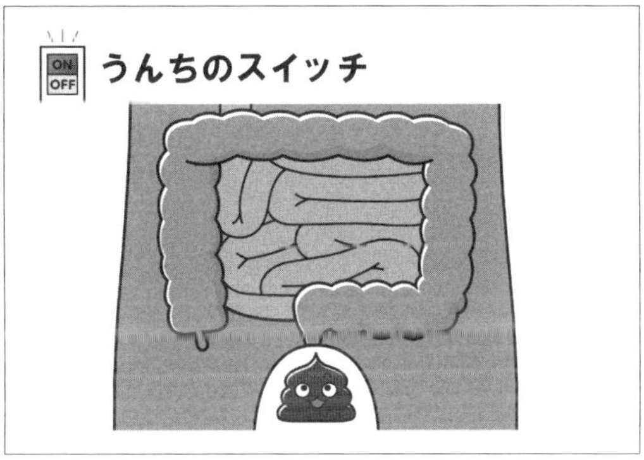
ON
OFF
うんちのスイッチ

ワークシート

のうや体にスイッチを入れる朝ごはん

年　　組　　名前

●朝ごはんを食べましたか？　○をつけましょう

食べた　　　　　食べていない

●朝ごはんを食べると体の調子はどうですか？　あてはまるものに○をつけましょう。

元気になった　　　　頭がすっきりした

目が覚めた　　　　体が温かくなった

●朝ごはんを食べると体にどんなよいことがあると思いますか？

●朝ごはんをきちんと食べるためにはどうしたらよいと思いますか？

おうちの人から

掲示資料　掲示物で子どもたちの理解をより深めます

のうと体にやる気スイッチを入れる
朝ごはん

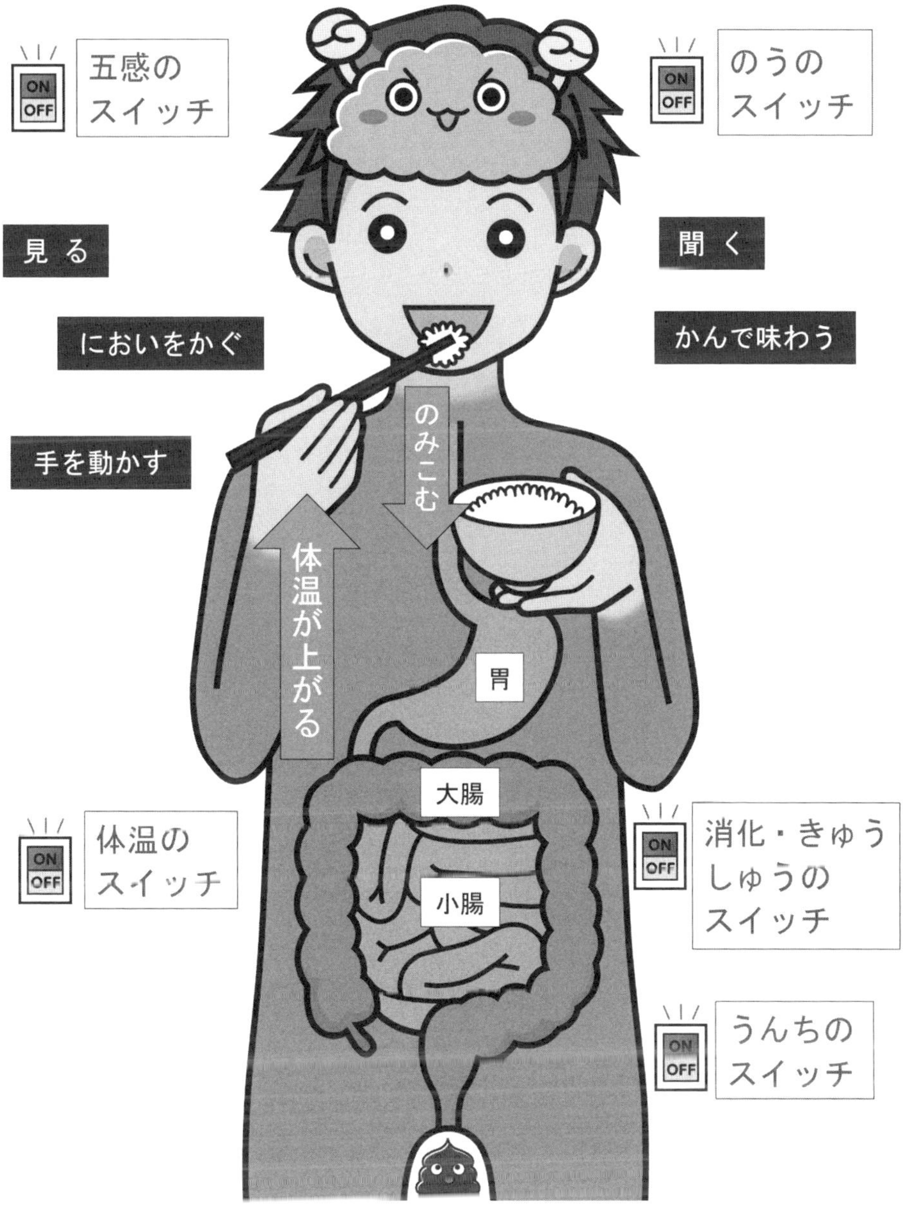

五感のスイッチ
ON
OFF
のうのスイッチ
ON
OFF
見る
聞く
においをかぐ
かんで味わう
手を動かす
のみこむ
体温が上がる
胃
大腸
小腸
体温のスイッチ
ON
OFF
消化・きゅうしゅうのスイッチ
ON
OFF
うんちのスイッチ
ON
OFF

指導の流れ・シナリオ

小学校高学年・中学生向け

自分の食べたい朝食を考えよう

目標

・朝食づくりのポイントを知り、自分で工夫をして朝食をつくってみようとする意欲を持つ【食事の重要性】【心身の健康】【食品を選択する能力】

		カード
導入	みなさんは、朝ごはんを自分でつくったことがありますか？　これから簡単にできる朝食メニューや、つくり方のポイントをお話しします。	①
展開	まず、朝食づくりのポイントは２つです。短時間で簡単にできることと、栄養のバランスがとれていることです。	②
	栄養のバランスがとれた朝食をつくるには、主食・主菜・副菜・汁物がそろっていることや、６つの基礎食品群からいろいろな食品を組み合わせることが大切です。	③
	それでは、いろいろな朝食メニューを紹介します。 この料理は、ピザトーストです。食材を切ってトースターで焼くとできます。使われている食品は、トマトとピーマンとチーズと食パンです。２群と３群、５群がそろっています。	⑤
	この料理は、野菜と豆腐のみそ汁です。食材を切ってだしで煮るとできます。使われている食品は、にんじん、さやいんげん、ねぎ、豆腐、みそ、煮干しです。１群と２群、３群、４群がそろっています。	⑬
	この料理は、目玉焼きと野菜炒めのせごはんです。食材を切って、炒めたり、焼いたりするとできます。使われている食品は、たまご、にんじん、キャベツ、ピーマン、米、油です。１群と３群、４群、５群、６群がそろっていて一度に主食、主菜、副菜がとれるメニューです。	⑮
	そのほか、簡単に食べられるものを紹介します。バナナやヨーグルト、チーズ、焼きのり、納豆、豆腐などです。時間がない時やもう１品追加したい時などに組み合わせるとよいでしょう。また、家にいつも置いてある食品などを確認しておきましょう。	⑯
まとめ	自分で食事をつくることができると、生きる力が身につき、自立への第一歩となります。 朝食づくりのポイントを頭に入れて、自分なりに工夫をして朝食を考えてみましょう。	

※ビジュアルカード④～⑮は朝食メニューです。

ビジュアルカード

①

朝食をつくったことが
ありますか？

②

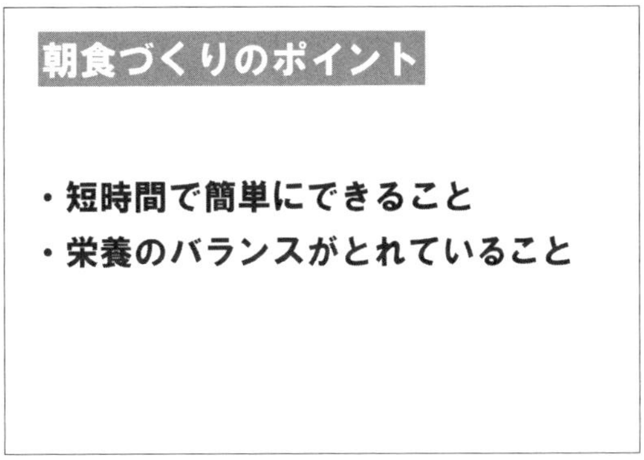
朝食づくりのポイント
・短時間で簡単にできること
・栄養のバランスがとれていること

③

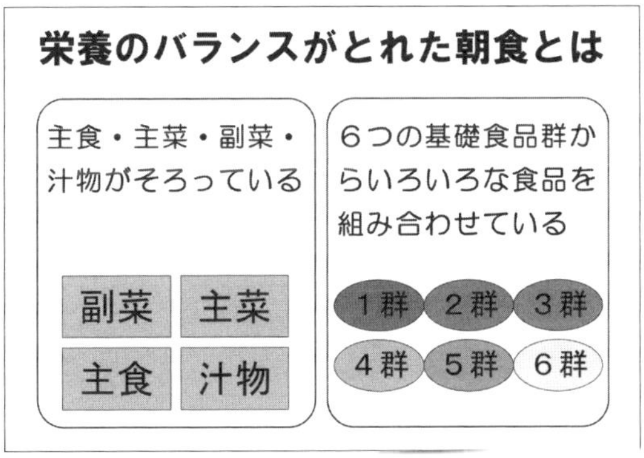
栄養のバランスがとれた朝食とは
主食・主菜・副菜・汁物がそろっている
副菜
主菜
主食
汁物
6つの基礎食品群からいろいろな食品を組み合わせている
1群
2群
3群
4群
5群
6群

④

おにぎり（梅干し・ツナマヨ）
主食
主菜
副菜
汁物
1群
2群
3群
4群
5群
6群

⑤

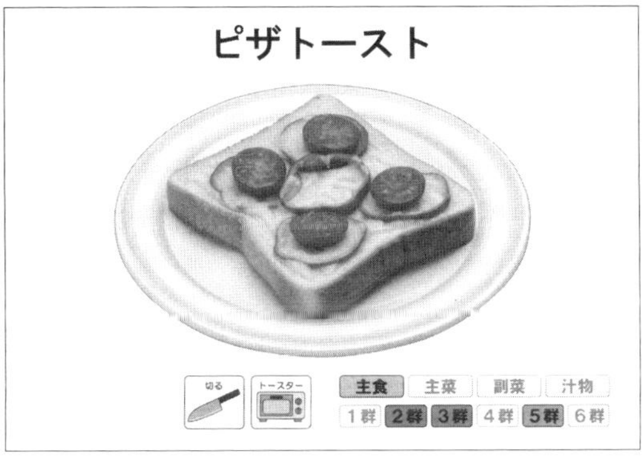
ピザトースト
切る
トースター
主食
主菜
副菜
汁物
1群
2群
3群
4群
5群
6群

⑥

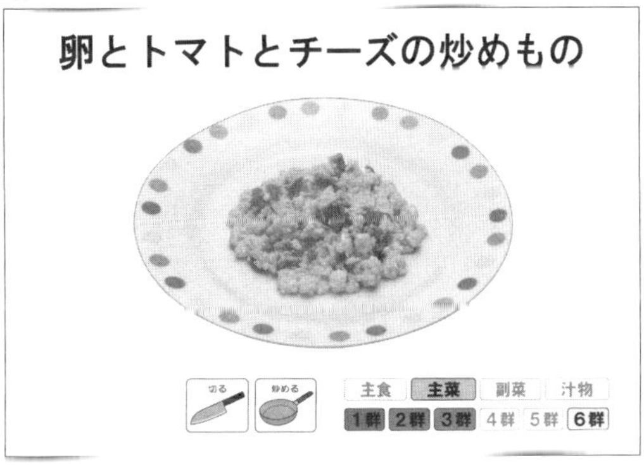
卵とトマトとチーズの炒めもの
切る
炒める
主食
主菜
副菜
汁物
1群
2群
3群
4群
5群
6群

※朝食メニューの6つの基礎食品群分類表はCD-ROM内に収録しています。

⑦

スペイン風オムレツ

主食 **主菜** 副菜 汁物

1群 2群 **3群** **4群** **5群** **6群**

⑧

さけと野菜の炒めもの

主食 **主菜** 副菜 汁物

1群 2群 **3群** **4群** 5群 **6群**

⑨

もやしとにんじんのナムル

主食 主菜 **副菜** 汁物

1群 2群 **3群** **4群** 5群 **6群**

⑩

ほうれんそうとえのきのおひたし

主食 主菜 **副菜** 汁物

1群 2群 **3群** **4群** 5群 6群

⑪

温野菜サラダ

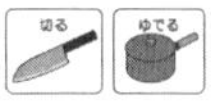

主食 主菜 **副菜** 汁物

1群 2群 **3群** 4群 **5群** 6群

⑫

野菜の豆腐ディップぞえ

主食 主菜 **副菜** 汁物

1群 2群 **3群** **4群** 5群 **6群**

⑬

野菜と豆腐のみそ汁
切る
煮る
主食
主菜
副菜
汁物
1群
2群
3群
4群
5群
6群

⑭

野菜のコンソメスープ
切る
炒める
煮る
主食
主菜
副菜
汁物
1群
2群
3群
4群
5群
6群

⑮

目玉焼きと野菜炒めのせごはん
切る
焼く
炒める
主食
主菜
副菜
汁物
1群
2群
3群
4群
5群
6群

⑯

簡単に食べられるもの
バナナ
ヨーグルト
チーズ
焼きのり
納豆
豆腐

※朝食メニューの６つの基礎食品群分類表はCD-ROM内に収録しています。

ワークシート

オリジナル朝食レシピを考えてみましょう

年　　組　　名前

栄養のバランスがとれた短時間でできる朝食を考えてつくってみましょう。

①献立を考えましょう

盛りつけ図	献立名	材料	分量(g)	食品群
工夫するポイント				

②調理の手順を書き込みましょう

献立名	5分	10分	15分	20分	25分	30分

③朝食づくりをふり返り、今後に生かせることを書きましょう

掲示資料　掲示物で子どもたちの理解をより深めます

自分で朝食をつくってみよう

朝食づくりのポイント

- 短時間で簡単につくることができること
- 栄養のバランスがとれていること

～いろいろな朝食メニュー紹介～

ピザトースト

おにぎり

スペイン風オムレツ

温野菜サラダ

にんじんともやしのナムル

野菜と豆腐のみそ汁

簡単に食べられるものを上手に取り入れよう！

バナナ

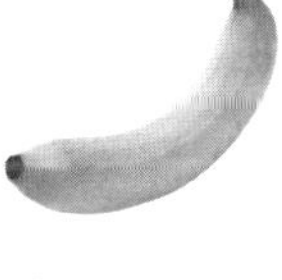

ヨーグルト

焼きのり

納豆

身近な食材を使っておいしい朝食づくりをしましょう

指導の流れ・シナリオ

小学校高学年・中学生向け

朝ごはんを食べた方が成績がいいって本当？

目標

・朝ごはんを食べると脳にエネルギーが補給され、授業に集中できることを知る
【食事の重要性】【心身の健康】

		カード
導入	朝ごはんを「毎日食べている」人と「まったく食べていない」人をくらべてみると、「毎日食べている」人の方が、ある学力調査の平均正答率が高いという調査結果があります。 学力を上げるためには勉強することが大切ですが、脳をしっかりと働かせることも大切です。 では、朝ごはんと脳にはどんな関係があるのでしょうか。	①
展開	朝起きた時、わたしたちの脳はエネルギー不足の状態です。	②
	脳のエネルギー源はブドウ糖です。朝ごはんを食べることで、ブドウ糖が補給されます。 ブドウ糖は、ごはんやパンなどに多く含まれている炭水化物が体内で分解されたものです。	③
	脳は、たくさんのエネルギーを使います。ずっと動き続けている心臓よりも多くのエネルギーを使うんですよ。	④
	ところが朝ごはんを食べないで、エネルギーが不足したままだと、午前中、頭がボーッとして授業に集中できません。集中力が低下している状態で勉強してもなかなか身につかないですよね。	⑤
	朝ごはんを食べると、脳にもエネルギーが補給され、集中力がアップします。	⑥
まとめ	授業に集中するためにも、きちんと朝ごはんを食べましょう。	

ビジュアルカード

①

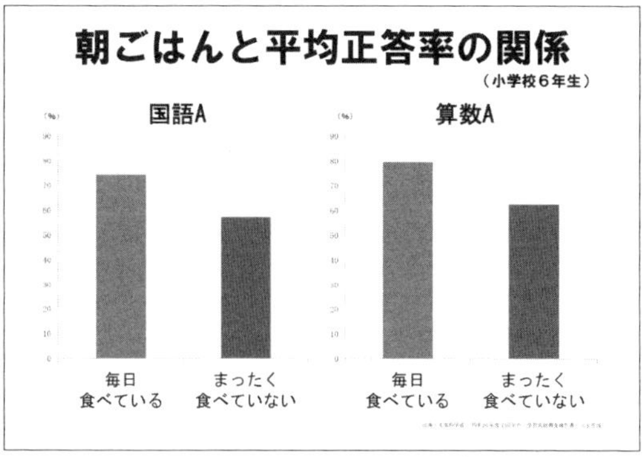
朝ごはんと平均正答率の関係
（小学校６年生）
国語A
算数A
(%)
毎日
食べている
まったく
食べていない

出典：文部科学省「平成 26 年度全国学力・学習状況調査報告書」より作成

②

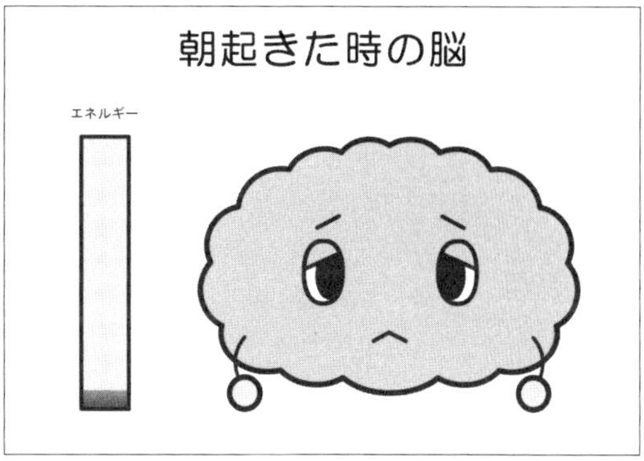
朝起きた時の脳
エネルギー

③

脳のエネルギー源はブドウ糖
ブドウ糖

④

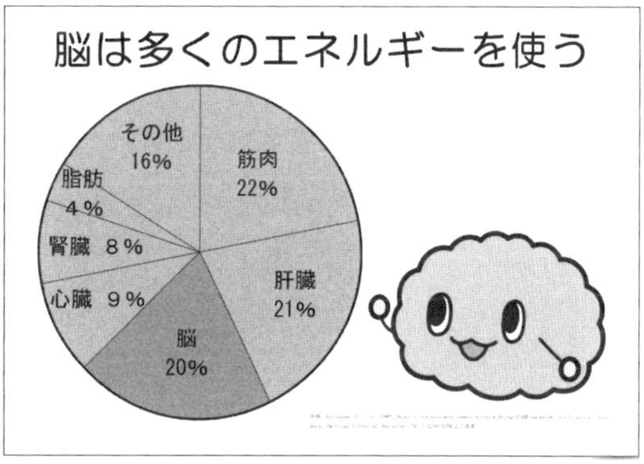
脳は多くのエネルギーを使う
その他
16%
筋肉
22%
脂肪
４%
腎臓　８%
心臓　９%
肝臓
21%
脳
20%

出典：Gallagher, D. et al.(1998), Organ-tissue mass measurement allows modeling of REE and metabolically active tissue mass, *American Journal of Physiology*, 38, p.E249-E258 より改変

⑤

朝ごはんを食べないと
朝ごはんなし

⑥

朝ごはんを食べると
朝ごはんあり

※ビジュアルカード①の中学生版はCD-ROM内に収録しています。

ワークシート

自分の朝ごはん習慣を確認してみましょう

年　　組　　名前

○なぜ朝ごはんを食べることが大切なのでしょう？

（　　　　　　　　　　　　　　　　　　　　　　　　　　　）

○朝ごはん習慣をチェック！

７日分の記録をつけてみましょう。当てはまる方に○をつけ、朝ごはんを食べた時は何を食べたのかを記入します。

月／日（曜日）	朝ごはん	朝ごはんの内容
／ （　　）	食べた／ 食べなかった	
／ （　　）	食べた／ 食べなかった	
／ （　　）	食べた／ 食べなかった	
／ （　　）	食べた／ 食べなかった	
／ （　　）	食べた／ 食べなかった	
／ （　　）	食べた／ 食べなかった	
／ （　　）	食べた／ 食べなかった	

これから気をつけたいこと

掲示資料　掲示物で子どもたちの理解をより深めます

朝食を食べている方が成績がいいの？

朝ごはんと平均正答率の関係

（小学校６年生）

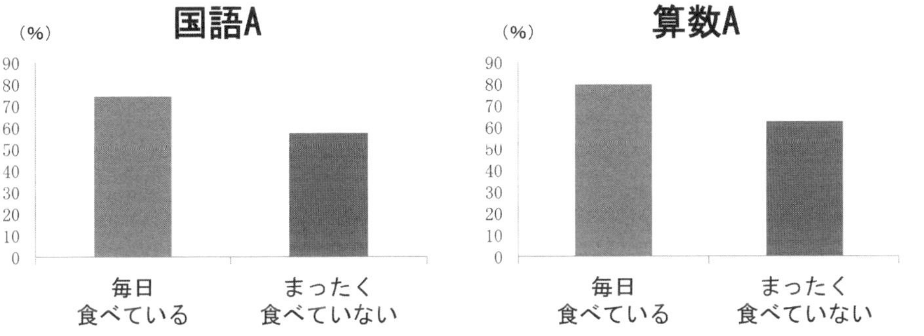

出典：文部科学省「平成26年度全国学力・学習状況調査報告書」より作成

朝ごはんを「毎日食べている」人の方が「まったく食べていない」人よりもテストの平均正答率が高いという調査結果があります。

脳はたくさんのエネルギーを必要とします。

脳はずっと動き続けている心臓よりもたくさんのエネルギーが必要です。

脳のエネルギー源はブドウ糖です。午前中の授業に集中するためにも朝ごはんを食べることが大切です。

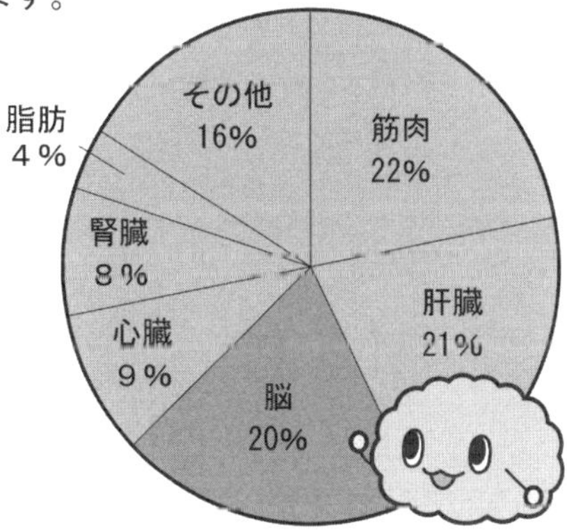

出典：Gallagher, D. et al.(1998), Organ-tissue mass measurement allows modeling of REE and metabolically active tissue mass, *American Journal of Physiology*, 38, p.E249-E258より改変

脳を目覚めさせるため、毎日朝ごはんをしっかり食べましょう！

※掲示資料の中学生版はCD-ROM内に収録しています。

たより素材

朝ごはんで脳と体にスイッチオン！

朝起きた時の脳と体は、エネルギーが切れた状態になっています。それが、朝ごはんを食べることによって、脳や体にスイッチが入ります。そして、体温も上がり、脳にもエネルギーが補給され、脳や体が活動を開始するために目覚めるのです。

しっかり朝ごはんを食べて、脳と体にスイッチを入れましょう！

早起き早寝
朝ごはん

毎日、朝食を食べよう！！

注目！

朝ごはんを食べて学力アップ！！

朝ごはんをきちんと食べている人の方が、学力調査の平均正答率が高いという結果が出ています。朝ごはんを食べると、午前中の授業に集中して取り組むことができます。逆に朝ごはんぬきでは、エネルギーが不足した状態で集中力が低下します。

だから食べたい！
朝ごはんは１日をスタートさせるエネルギー源

　わたしたちの脳は、朝起きた時にはエネルギーが切れています。だから１日を元気にスタートさせるためには、朝ごはんが欠かせないのです。そして、朝ごはんを食べることで集中力が高まります。絶対食べたい朝ごはんなのです。

チャレンジ！　**自分でできる朝食**

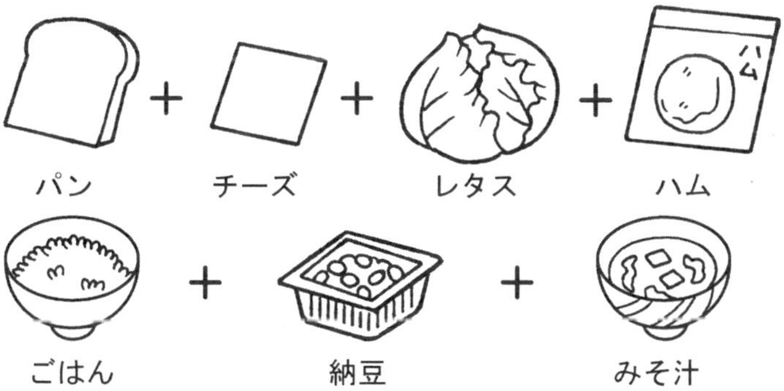

パン
チーズ
レタス
ハム
ハム
ごはん
納豆
みそ汁

　家にあるもので、簡単な朝食づくりにチャレンジしてみましょう。

　パンの上にチーズ、ハムやレタスなどを重ねるだけで、朝食ができますよ。

朝ごはんで
パワーアップ！

スッキリ
W.C
朝食を食べて
すっきり排便

指導の流れ・シナリオ

小学校中学年向け

食品の３つのグループを知ろう

目標

・食事は生きていく上で欠かせないものであることに気づく【食事の重要性】
・食品の３つのグループを知り、好ききらいなくバランスよく食べようという意欲を持つ【心身の健康】

		カード
導入	わたしたちは１日に３回の食事をしています。この食事をしないとわたしたちの体はどうなると思いますか？	①
展開	わたしたちが成長したり、活動したり、生きるためには食事をすることが欠かせません。わたしたちは、食事をして食品の栄養素を体内に取り入れて利用しています。 しかし、何でも食べればいいというわけではありません。食品は、含まれる栄養素の体内での働きによって３つのグループにわけることができます。「おもにエネルギーになる食品」、「おもに体をつくる食品」、「おもに体の調子をととのえる食品」です。それぞれのグループの食品を組み合わせて食べることが大切です。 「おもにエネルギーになる食品」は、ごはん、パン、じゃがいも、さつまいも、スパゲッティ、油などです。 これらの食品は、体温を保つ力になったり、勉強や運動をする力になったりします。 「おもに体をつくる食品」は、肉、魚、卵、豆腐、チーズ、牛乳などです。 これらの食品は、筋肉や血をつくったり、歯や骨をつくったりします。 「おもに体の調子をととのえる食品」は、野菜や果物などです。 これらの食品は、病気にかかりにくくなったり、おなかの調子をよくしたりします。	② ③ ④ ⑤、⑥ ⑦ ⑧、⑨ ⑩ ⑪、⑫
まとめ	このように食べ物は、わたしたちの体内でとても重要な働きをしています。自分が食べるもので自分がつくられるのです。毎日、元気にすごして成長するためにも、好きなものだけを食べるのではなく、いろいろな食べ物を食べるようにしましょう。	⑬

ビジュアルカード

①

食事をしないとどうなるの？

②

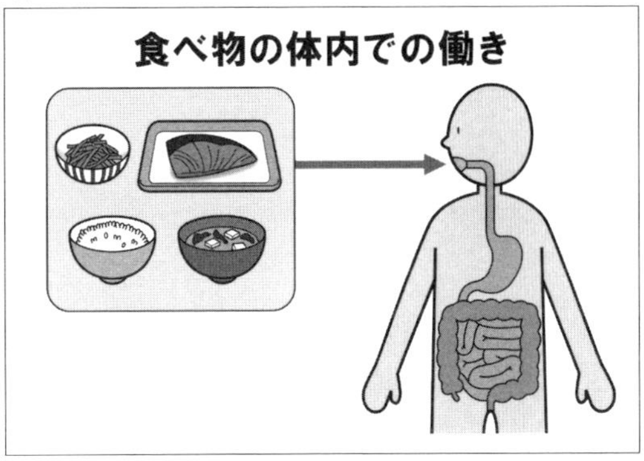
食べ物の体内での働き

③

食品の３つのグループ
おもに エネルギーになる食品
おもに 体をつくる食品
おもに 体の調子をととのえる食品

④

おもにエネルギーになる食品
ごはん
パン
じゃがいも
さつまいも
スパゲッティ
油

⑤

体温をたもつ力になる

⑥

勉強や運動をする力になる

⑦

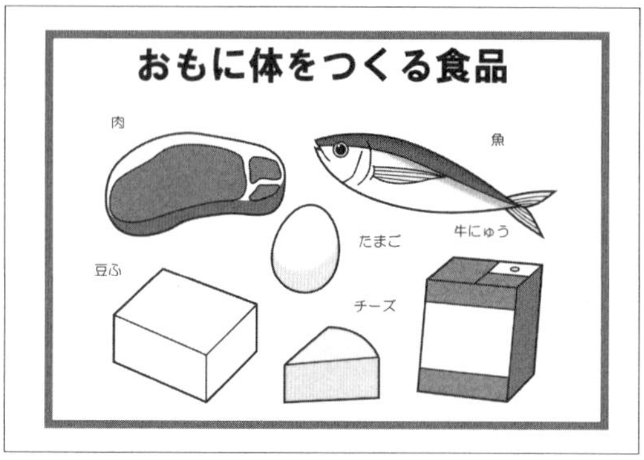
おもに体をつくる食品
肉
魚
たまご
牛にゅう
豆ふ
チーズ

⑧

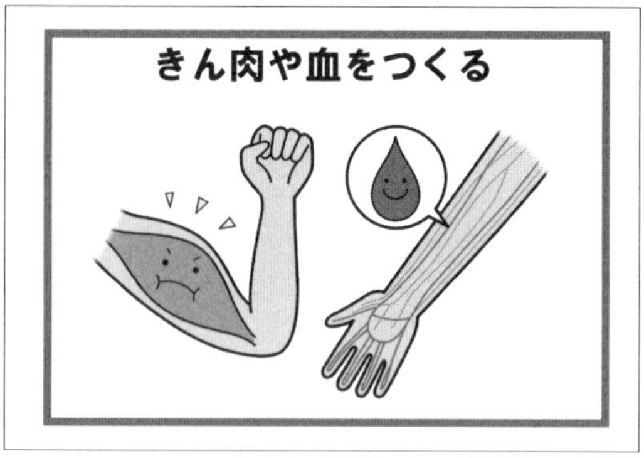
きん肉や血をつくる

⑨

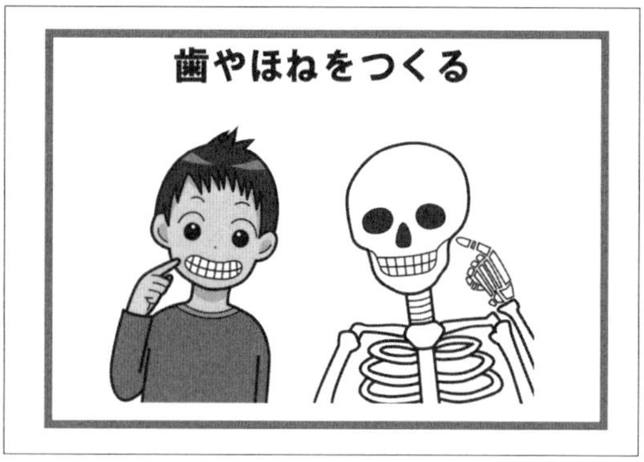
歯やほねをつくる

⑩

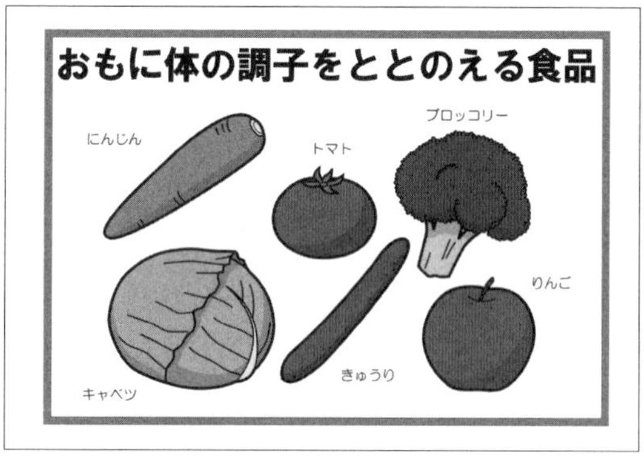
おもに体の調子をととのえる食品
にんじん
トマト
ブロッコリー
りんご
キャベツ
きゅうり

⑪

病気にかかりにくくなる

⑫

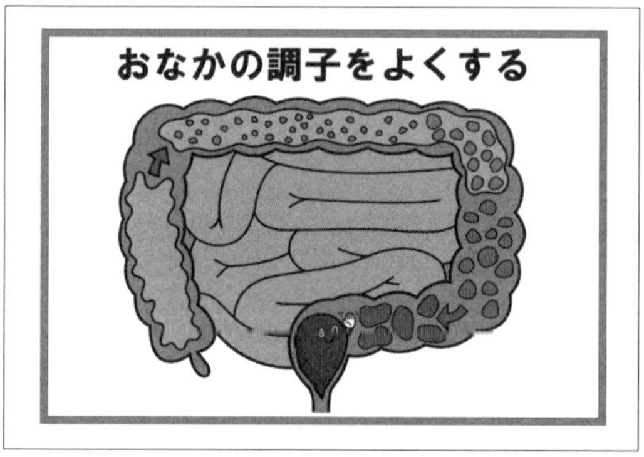
おなかの調子をよくする

⑬

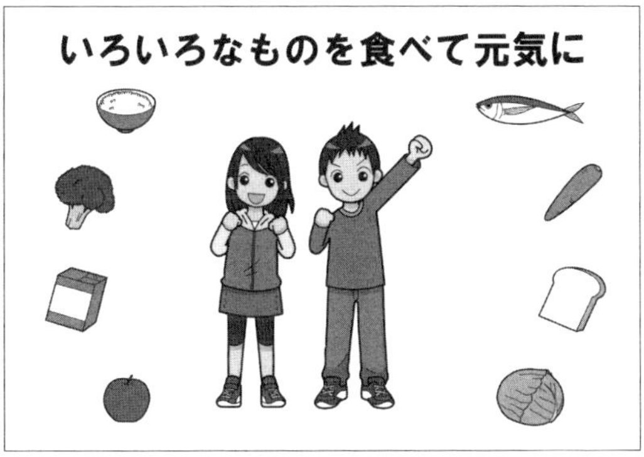
いろいろなものを食べて元気に

memo

ワークシート

食品の３つのグループを知ろう

年　　組　　名前

●食品の３つの働きについて当てはまる文字を下から選んで（　）に書きましょう。

黄のグループはおもに（　　　　　　　　　　　）になります

赤のグループはおもに（　　　　　　　　　　　）になります

緑のグループはおもに（　　　　　　　　　　　）になります

・体の調子をととのえるもと　・エネルギーのもと　・体をつくるもと

●下の食品を３つのグループにわけてみましょう。

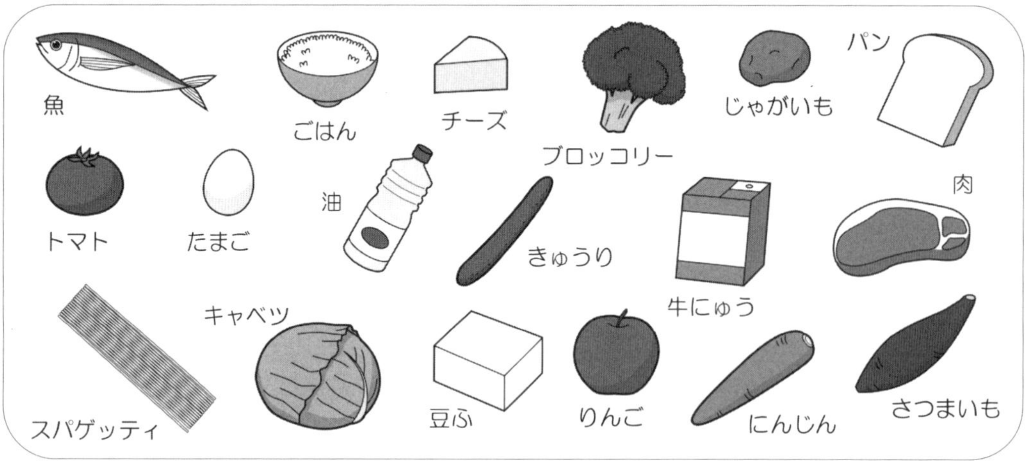

魚
ごはん
チーズ
ブロッコリー
じゃがいも
パン
トマト
たまご
油
きゅうり
牛にゅう
肉
スパゲッティ
キャベツ
豆ふ
りんご
にんじん
さつまいも

黄のグループ	赤のグループ	緑のグループ

赤　黄　緑

食品の３つのグループ

食品は、おもにふくまれる「栄養そ」の体内での働きによって３つのグループにわけることができます。それぞれのグループからいろいろな食品を組み合わせて食べると栄養のバランスがよくなります。

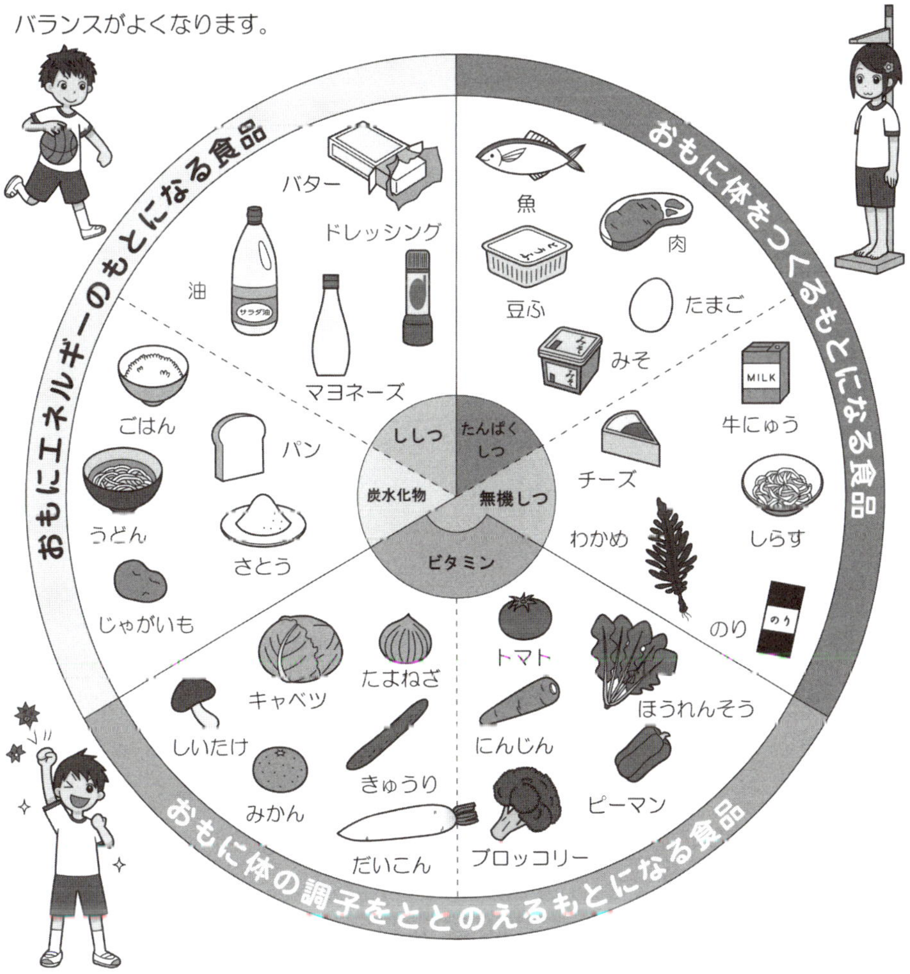
おもにエネルギーのもとになる食品
おもに体をつくるもとになる食品
おもに体の調子をととのえるもとになる食品
バター
ドレッシング
油
サラダ油
マヨネーズ
ごはん
パン
うどん
さとう
じゃがいも
魚
肉
豆ふ
たまご
みそ
MILK
牛にゅう
チーズ
しらす
わかめ
のり
トマト
ほうれんそう
キャベツ
たまねぎ
しいたけ
きゅうり
にんじん
みかん
ピーマン
だいこん
ブロッコリー
しして
たんぱくしつ
炭水化物
無機しつ
ビタミン

★のりやわかめなどの海そうは、「おもに体の調子をととのえるもとになる食品」に分るいすることもあります。

指導の流れ・シナリオ

小学校高学年・中学生向け

6つの基礎食品群を知ろう

目標

- 食品に含まれる栄養素は、わたしたちが生きていく上で欠かせないものであることに気づく【食事の重要性】
- 6つの基礎食品群について理解し、今後の生活に生かそうとする意欲を持つ【心身の健康】

		カード
導入	さて問題です。この2つの円グラフは、どちらかが人の体の成分の割合です。どちらだと思いますか。①だと思う人？ ②だと思う人？	①、②
展開	正解は①です。①は人の体の成分で、②はごはんの成分でした。どちらも、水分の量が一番多い割合を占めているのですが、注目してもらいたいのは、炭水化物の割合です。ごはんの炭水化物は37%、人の炭水化物は0.5%です。わたしたちは、主食として米をたくさん食べているのに、なぜ炭水化物の割合が少ないのでしょうか。 実は、炭水化物の体内での働きは体をつくるもとではなく、おもにエネルギーのもとになるためです。食品には、いろいろな栄養素が含まれていて、体の中での働きが違います。そのため、いろいろなものをバランスよく食べる必要があります。 そこで覚えておきたいことが、6つの基礎食品群です。これは、おもに含まれる栄養素ごとに食品を6つのグループにわけたものです。1群から6群の食品を組み合わせて食べると栄養のバランスがとれます。 まず、1群の食品はおもにたんぱく質を多く含む食品で、魚、肉、卵、豆・豆製品です。 たんぱく質の働きは、筋肉や血液、内臓、毛髪などのもとになり、エネルギー源にもなります。 ※2群から6群も同様に説明していきます。	③、④ ⑤ ⑥ ⑦ ⑧ ⑨～⑱
まとめ	1群から6群の食品を過不足なく選んで食べると栄養のバランスがととのいます。健康にすごすために、いろいろな食品を組み合わせて食べるようにしましょう。	

ビジュアルカード

①

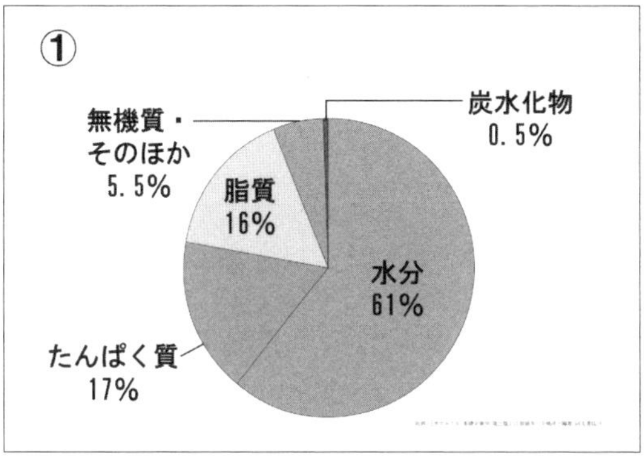
①
炭水化物
0.5%
無機質・
そのほか
5.5%
脂質
16%
水分
61%
たんぱく質
17%

②

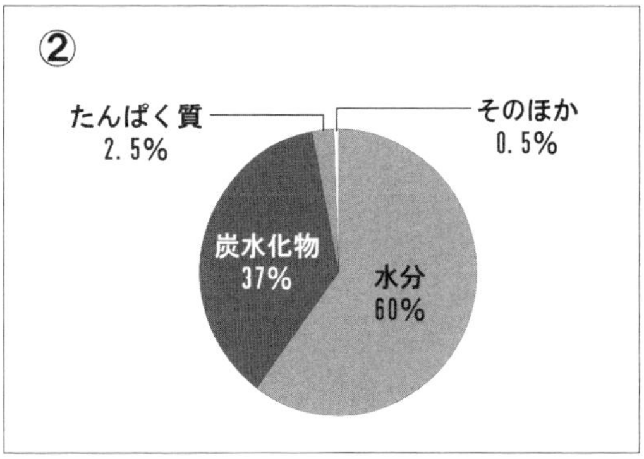
②
たんぱく質
2.5%
そのほか
0.5%
炭水化物
37%
水分
60%

出典：『ネオエスカ 基礎栄養学 第三版』江指隆年・中嶋洋子編著 同文書院刊

③

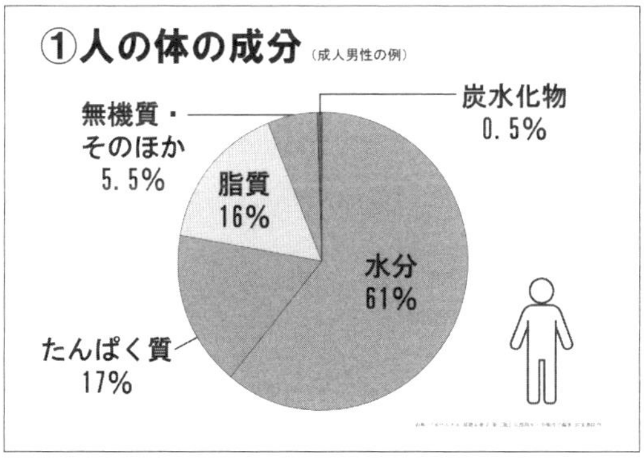
①人の体の成分（成人男性の例）
炭水化物
0.5%
無機質・
そのほか
5.5%
脂質
16%
水分
61%
たんぱく質
17%

④

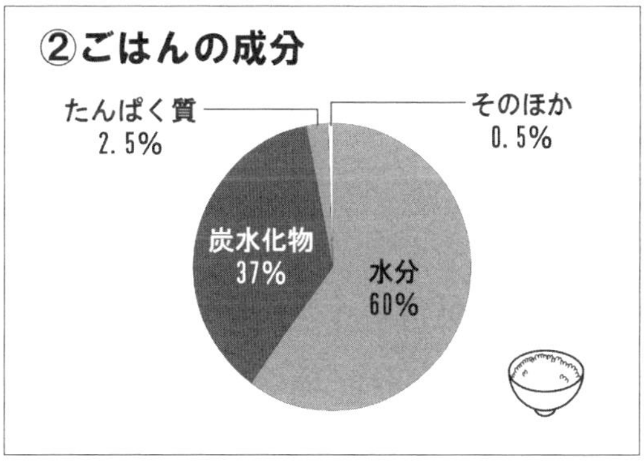
②ごはんの成分
たんぱく質
2.5%
そのほか
0.5%
炭水化物
37%
水分
60%

出典：『ネオエスカ 基礎栄養学 第三版』江指隆年・中嶋洋子編著 同文書院刊

⑤

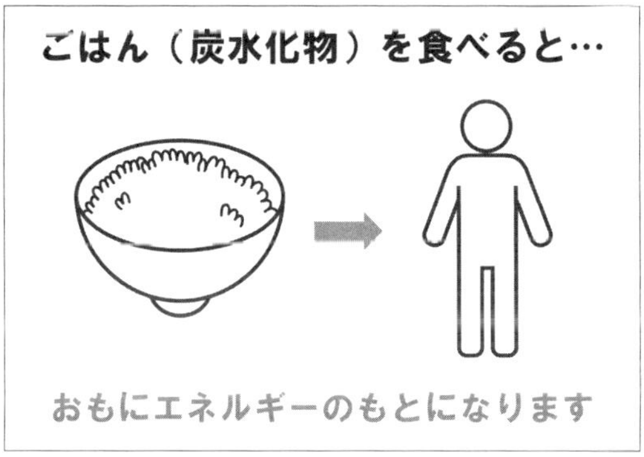
ごはん（炭水化物）を食べると…
おもにエネルギーのもとになります

⑥

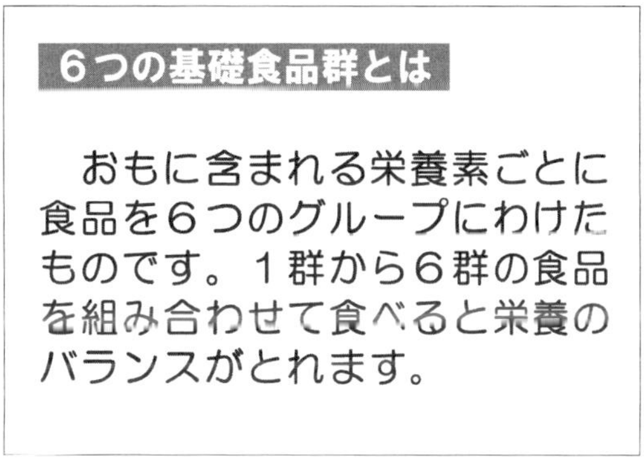
６つの基礎食品群とは
おもに含まれる栄養素ごとに食品を６つのグループにわけたものです。１群から６群の食品を組み合わせて食べると栄養のバランスがとれます。

【指導の前に準備すること】

・ビジュアルカード①の裏に③をはる。ビジュアルカード②の裏に④をはる。

⑦

1群
たんぱく質を多く含む
魚・肉・卵・豆・豆製品

⑧

たんぱく質の働き
筋肉、血液、内臓、毛髪などのもとになり、エネルギー源にもなります。

⑨

2群
無機質を多く含む
牛乳・乳製品・小魚・海そう

⑩

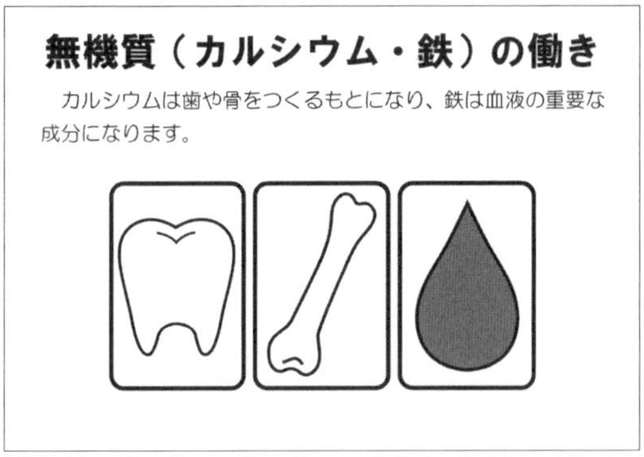
無機質（カルシウム・鉄）の働き
カルシウムは歯や骨をつくるもとになり、鉄は血液の重要な成分になります。

⑪

3群
ビタミンA（カロテン）を多く含む
緑黄色野菜

⑫

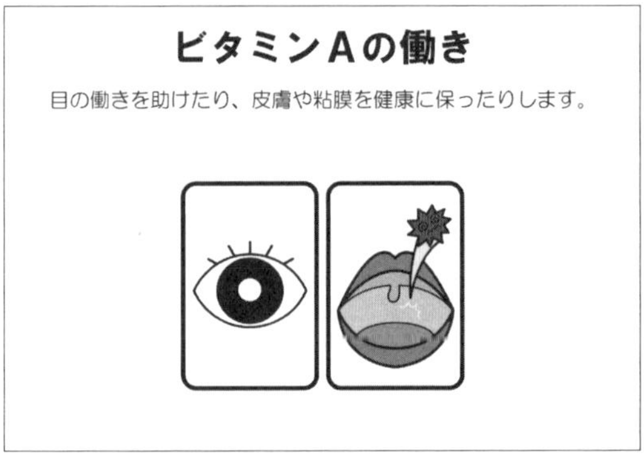
ビタミンAの働き
目の働きを助けたり、皮膚や粘膜を健康に保ったりします。

⑬

4群

ビタミンCを多く含む
そのほかの野菜・果物

⑭

ビタミンCの働き

傷の回復を早めたり、抵抗力を高めたりして病気になりにくい体づくりに役立ちます。

⑮

5群

炭水化物を多く含む
米・パン・めん・いも・砂糖

⑯

炭水化物の働き

炭水化物は、体内で分解されて、脳や体のエネルギー源になります。

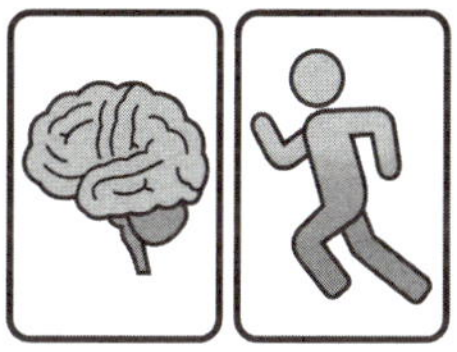

⑰

6群

脂質を多く含む
油脂

⑱

脂質の働き

少量でも効率のよいエネルギー源になり、体温を保つなどの働きもあります。

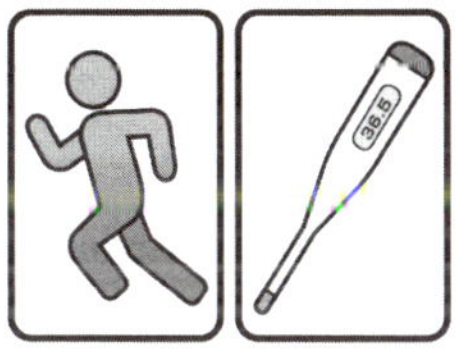

ワークシート

６つの基礎食品群を知ろう

年　　組　　名前

６つの基礎食品群

おもに含まれる栄養素ごとに食品を６つのグループにわけたものです。１群から６群の食品を組み合わせて食べると栄養のバランスがとれます。

１群　魚・肉・卵・豆・豆製品（たんぱく質を多く含む）
２群　牛乳・乳製品・小魚・海そう（無機質を多く含む）
３群　緑黄色野菜（ビタミンＡ（カロテン）を多く含む）
４群　そのほかの野菜・果物（ビタミンＣを多く含む）
５群　米・パン・めん・いも・砂糖（炭水化物を多く含む）
６群　油脂（脂質を多く含む）

・献立と材料を記入して食品群に○をつけましょう。

献立	材料	１群	２群	３群	４群	５群	６群
（例）ごはん	米					○	

掲示資料　掲示物で子どもたちの理解をより深めます

6つの基礎食品群と体への働き

おもに含まれる栄養素ごとに食品をグループわけしたものが6つの基礎食品群です。必要な栄養素をバランスよくとるためには、各群の食品を組み合わせてとりましょう。

食品群	
1群　魚・肉・卵・豆・豆製品  おもな栄養素　たんぱく質	おもに体の組織をつくる 
2群　牛乳・乳製品・小魚・海そう  おもな栄養素　無機質（カルシウム、鉄など）	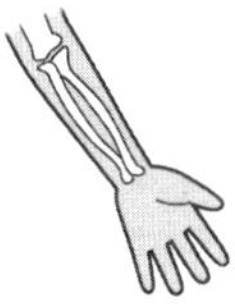
3群　緑黄色野菜 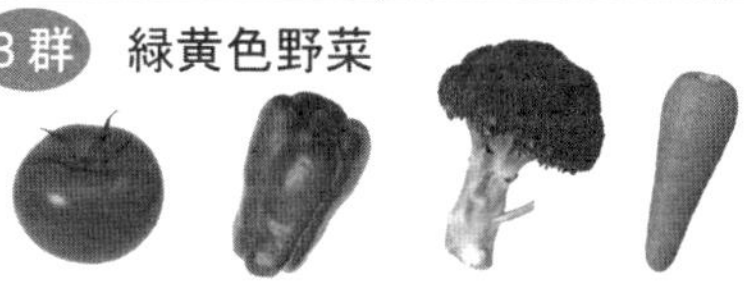 おもな栄養素　ビタミンA（カロテン）	おもに体の調子をととのえる 
4群　そのほかの野菜・果物  おもな栄養素　ビタミンC	
5群　米・パン・めん・いも・砂糖  おもな栄養素　炭水化物	おもにエネルギーになる 
6群　油脂 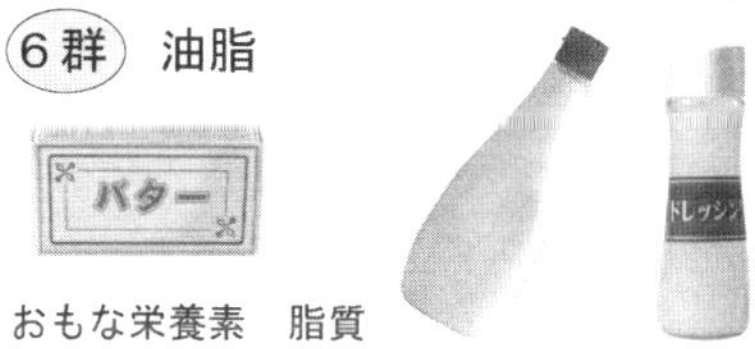 おもな栄養素　脂質	

五大栄養素とその働き	
たんぱく質	たんぱく質は、筋肉、血液、内臓、毛髪などのもとになり、エネルギー源にもなります。
無機質	カルシウムは、歯や骨をつくるもとになり、鉄は血液の重要な成分です。
ビタミン	ビタミンAは、目の働きを助けたり、皮膚や粘膜を健康に保ったりします。
	ビタミンCは、傷の回復を早めたり、抵抗力を高めたりして病気になりにくい体づくりに役立ちます。
炭水化物	炭水化物には糖質と食物繊維があります。糖質は体内でブドウ糖に分解されて、脳や体のエネルギー源になります。
脂質	脂質は少量でも効率のよいエネルギー源になり、体温を保つ働きもあります。また細胞膜の成分となり、体の組織をつくります。

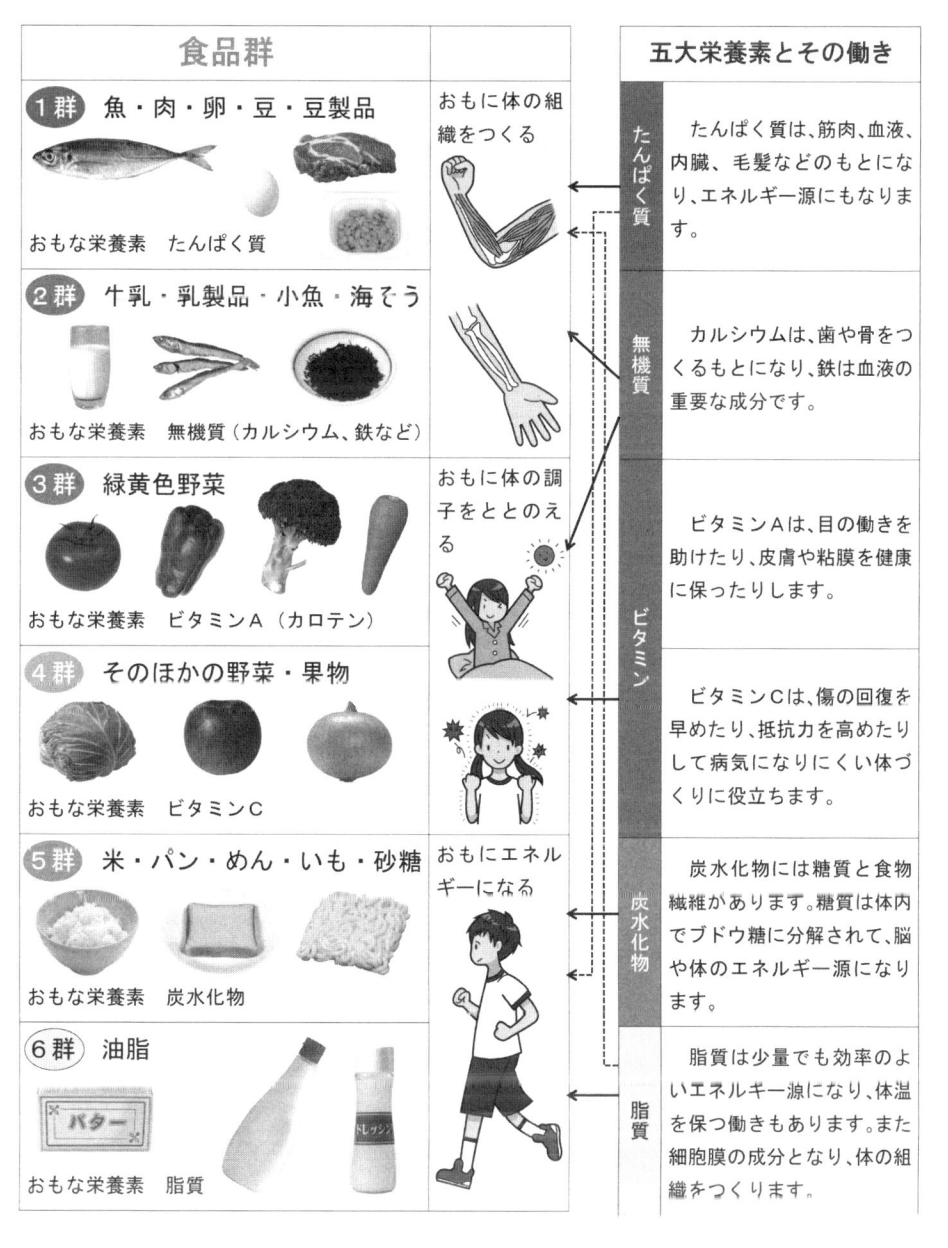

たより素材

3つのグループで元気に走るよ！

赤のグループは体をつくるよ（魚、肉、卵、豆・豆製品、牛乳・乳製品、小魚、海そう）
黄のグループはエネルギーになるよ（ごはん、パン、めん、いも、砂糖、油、バター）
緑のグループは体の調子をととのえるよ（緑黄色野菜、淡色野菜、きのこ、果物）

3つの色を
そろえよう
赤・黄・緑

知っていますか？
食品の3つの働き

1エネルギーになる

2体をつくる

3体の調子をととのえる

食べ物の3つのグループを覚えよう

おもにエネルギーになる食品

バター

おもに体をつくる食品

MILK

おもに体の調子をととのえる食品

６つの基礎食品群を覚えよう

○月○日（　）

１群は、魚、肉、卵、豆、豆製品など、おもにたんぱく質を多く含む食品です。	２群は、牛乳、乳製品、小魚、海そうなど、おもに無機質を多く含む食品です。	３群は、緑黄色野菜で、おもにビタミンＡ（カロテン）を多く含む食品です。
４群は、そのほかの野菜や果物で、おもにビタミンＣを多く含む食品です。	５群は、ごはん、パン、いも、砂糖など、おもに炭水化物を多く含む食品です。	６群は、油脂で油、バター、マヨネーズなど、おもに脂質を多く含む食品です。

献立を６つの基礎食品群にわけよう

1群
2群
3群
4群
5群
6群

何群が足りないかな？

トースト
牛乳

パンは５群、バターは６群、牛乳は２群です。トーストにハムをのせたり、野菜サラダを追加したりして足りない食品群を補いましょう。

６つの基礎食品群

６つの基礎食品群とは、おもに含まれる栄養素ごとに食品を１群から６群の６つのグループにわけたものです。

それぞれの群から過不足なく食品を組み合わせてとることで、栄養のバランスがととのいます。

指導の流れ・シナリオ

小学校低学年向け

手には見えないよごれがいっぱい

目標

・手には見えない汚れがついていることを知り、石けんを使って手を洗う大切さを理解する【心身の健康】

		カード
導入	みなさんは、食事の前に手をちゃんと洗っていますか？	
展開	おにぎりを食べようとしている人がいますよ。あれ、でも、この人は手を洗ったのかな？　実は……。（カードを裏返す）	①
	あっ、ばい菌たちが、手やおにぎりについていますよ。	②
	これも見た目はきれいに見えますが、洗っていない手の写真です。ここで洗っていない手には、どれくらいばい菌がついているか見てみますよ。（カードを裏返す）	③
	ほら、こんなに汚れています。手にはばい菌やほこり、土などがいっぱいついているんですよ。手を洗わずに食べるとこんな汚れが食べ物について、体の中に入ってしまいます。	④
	それでは、洗った手はどうでしょう。石けんを使って 30 秒手洗いをしてみました。（カードを裏返す）	⑤
	石けんで手洗いをしたら、こんなにきれいになりました。	⑥
まとめ	みなさんも、食事をする前には必ず石けんを使って手を洗いましょうね。	

ビジュアルカード

①

②

③

あらっていない手

④

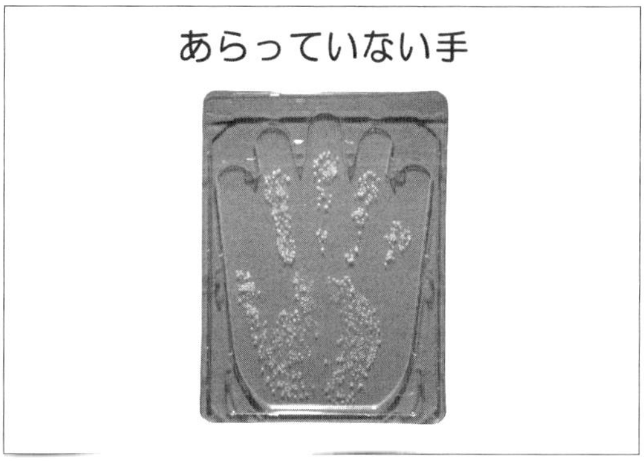
あらっていない手

⑤

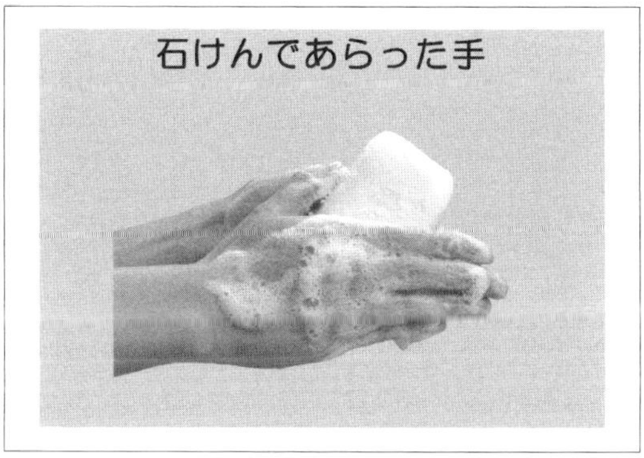
石けんであらった手

⑥

石けんであらった手

【指導の前に準備すること】

・ビジュアルカード①の裏に②をはる。ビジュアルカード③の裏に④をはる。ビジュアルカード⑤の裏に⑥をはる。

※ ビジュアルカード④⑥は、編集部で実験を行ったものです。

ワークシート

どうして手をあらうのでしょうか？

年　　組　　名前

■どんな時に手をあらいますか？　○をつけましょう。

- トイレの後　　あらう　　あらわない
- 食じの前　　あらう　　あらわない
- 外から帰った後　　あらう　　あらわない
- そうじの後　　あらう　　あらわない

■いつもどんな手あらいをしていますか？　○をつけましょう。

石けんをつけてあらう　　　水だけであらう

■どうして手あらいをするのかわかったことを書きましょう。

おうちの人から

掲示資料　掲示物で子どもたちの理解をより深めます

手には見えない よごれがいっぱい！

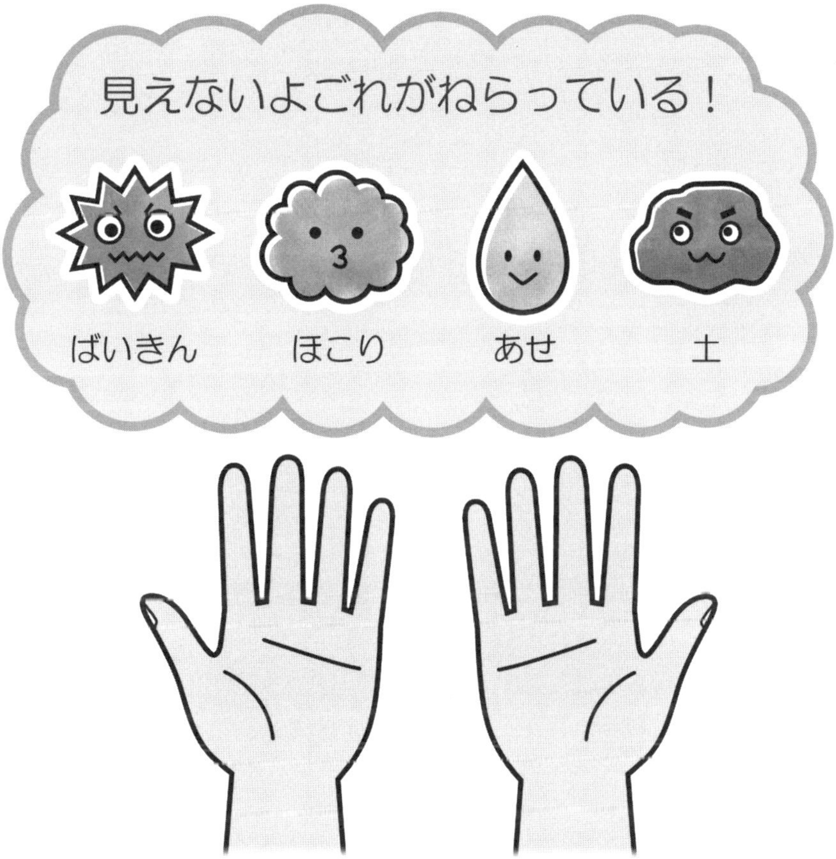

手には、目に見えないよごれのほかに、いろいろなばいきんがついています。こうしたよごれやばいきんをおとすためには、石けんで手をきれいにあらうことが大切です。食じの前やトイレの後、外から帰ってきた後にかならず手をあらいましょう。

指導の流れ・シナリオ

小学校中学年向け

石けんを使ってしっかり手をあらおう

目標

・石けんを使って、しっかり手を洗う方法を知る【心身の健康】

		カード
導入	みなさんは、食事の前にきちんと手を洗っていますか？ 手を洗う時は、どのようなところに気をつけながら洗えばよいのかを見ていきましょう。	
展開	まずは、手を水でぬらして石けんをつけてよく泡立てます。 手のひらをこすり合わせて洗います。	①
	手の甲を洗います。反対側の手のひらでこするように洗います。	②
	手を組むようにして、指と指の間を洗います。	③
	親指を反対側の手で握って洗います。	④
	指先を洗います。手のひらに指先を当ててこするように洗いましょう。	⑤
	手首も忘れずに洗います。反対側の手で握るようにして洗いましょう。洗い終わったら水で流して清潔なハンカチでふきます。	⑥
まとめ	指と指の間や親指、手首などは洗い残しやすいところです。洗い残しがないように気をつけながら、石けんを使ってしっかりと洗いましょう。	

ビジュアルカード

①

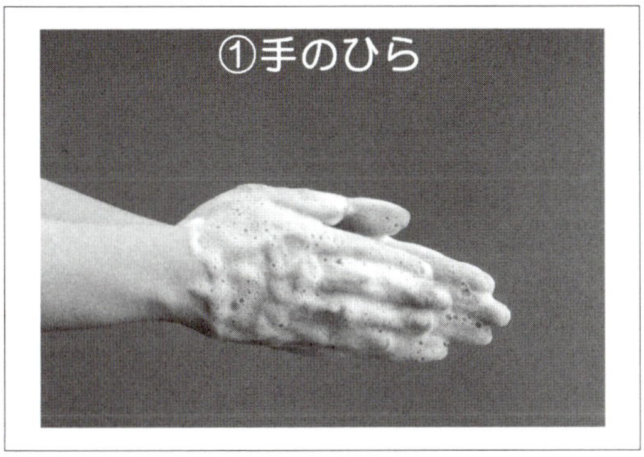
①手のひら

②

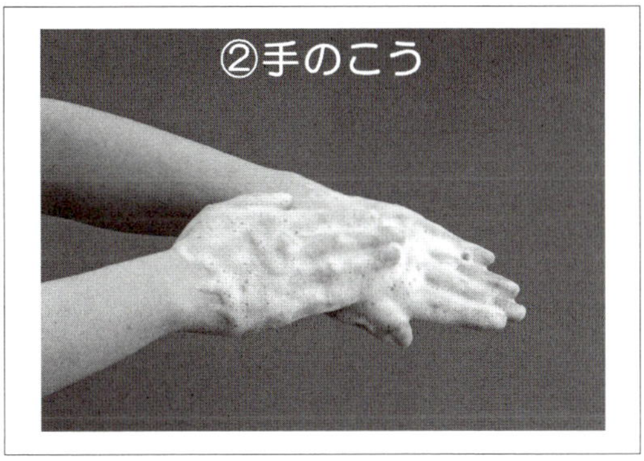
②手のこう

③

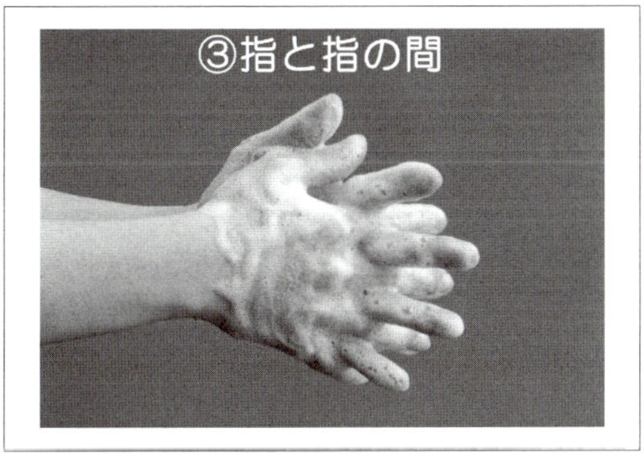
③指と指の間

④

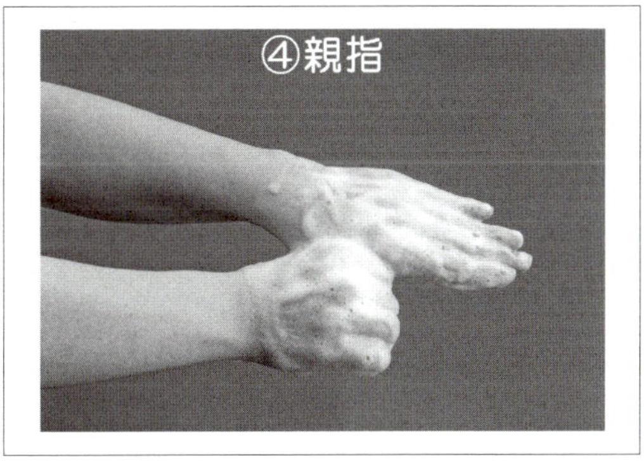
④親指

⑤

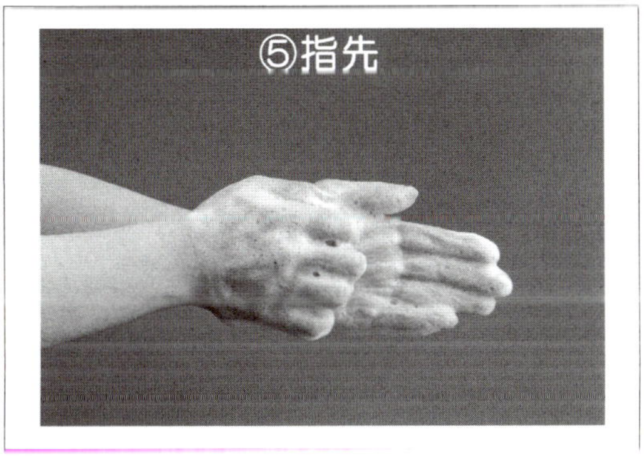
⑤指先

⑥

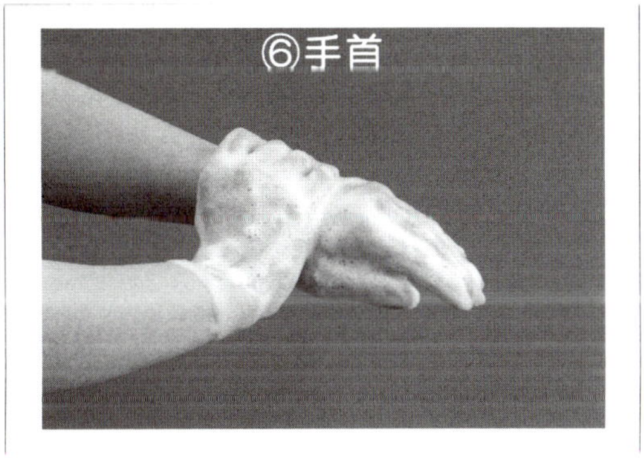
⑥手首

ワークシート

しっかり手をあらおう！

年　　組　　名前

①　手あらいの時は、石けんを使ってしっかりあらうことが大切です。今までをふり返ってみて、きちんと手をあらえていましたか？　当てはまるものに○をつけましょう。

・できた　　・時どきできていない　　・できていない

あらい残しやすいところ

指と指の間

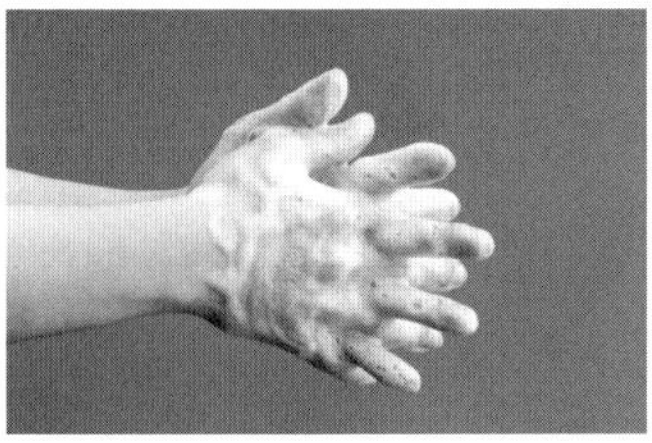

親指

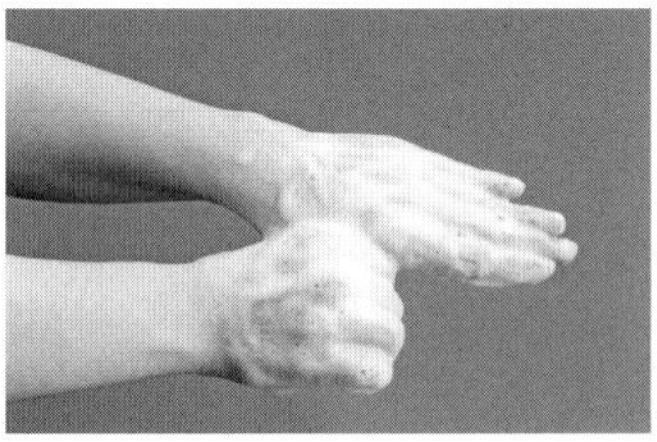

指先

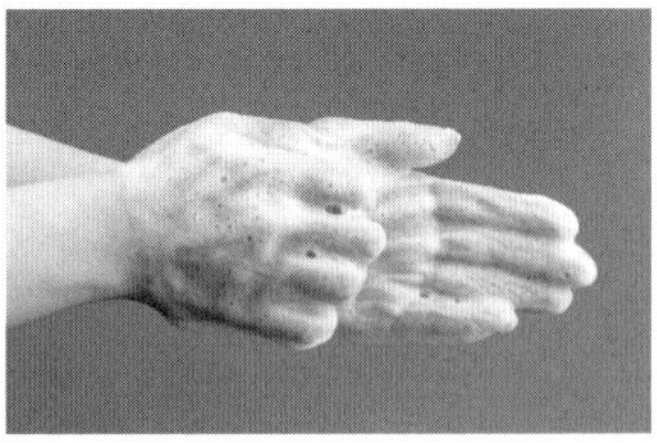

手首

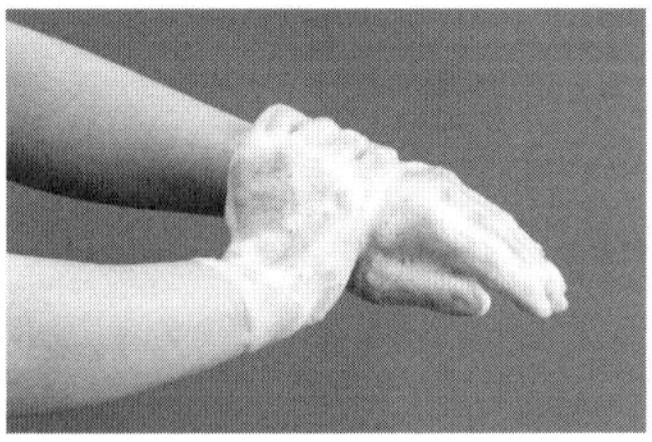

指と指の間、親指、指先、手首はあらい残しやすいところです。
気をつけてあらいましょう。

②　これからの手あらいの目標を書きましょう。

おうちの人から

掲示資料　掲示物で子どもたちの理解をより深めます

しっかり手をあらおう

石けんはしっかりと
あわ立てて
使おう

①手のひら

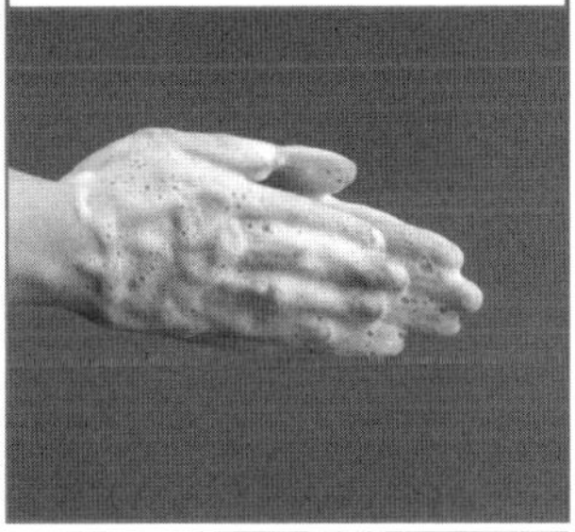

②手のこう

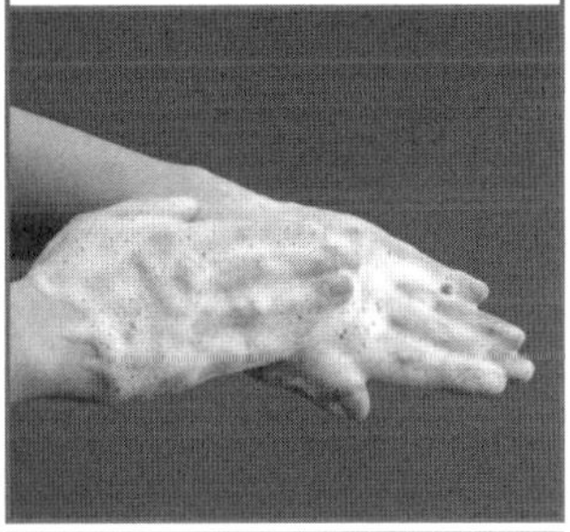

③指と指の間

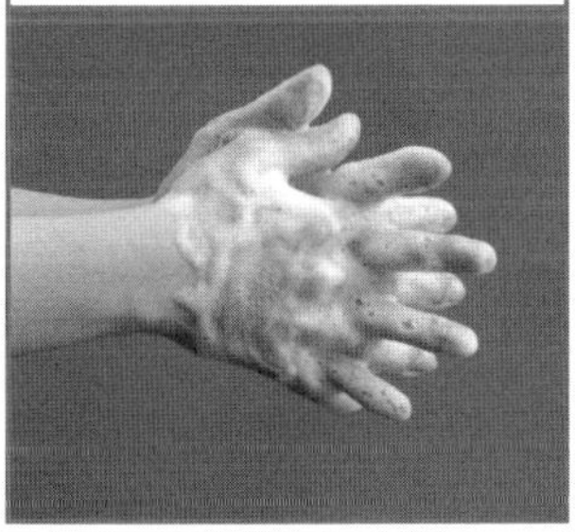

④親指

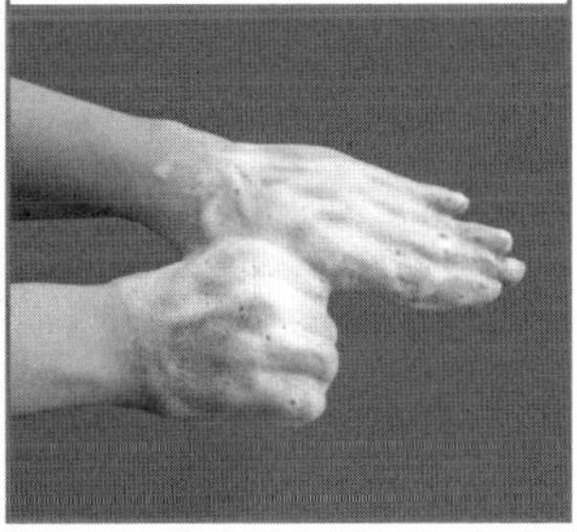

⑤指先

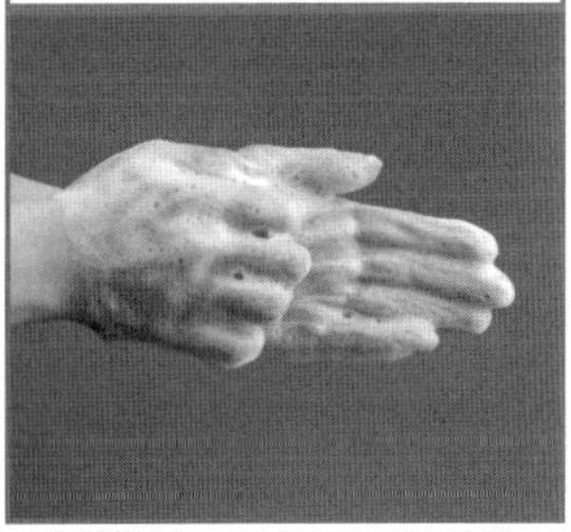

⑥手首

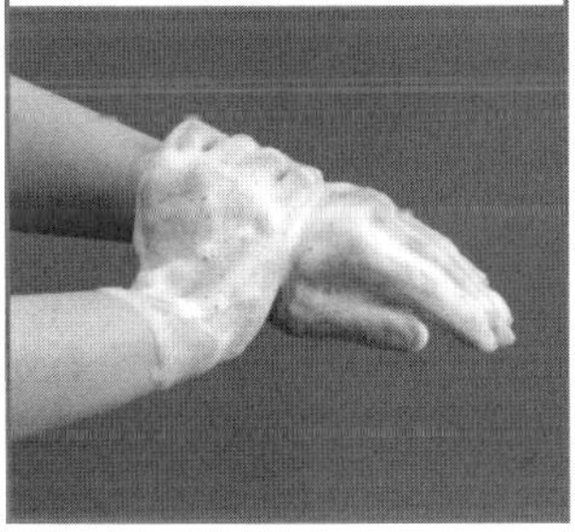

⑦流水ですすぐ

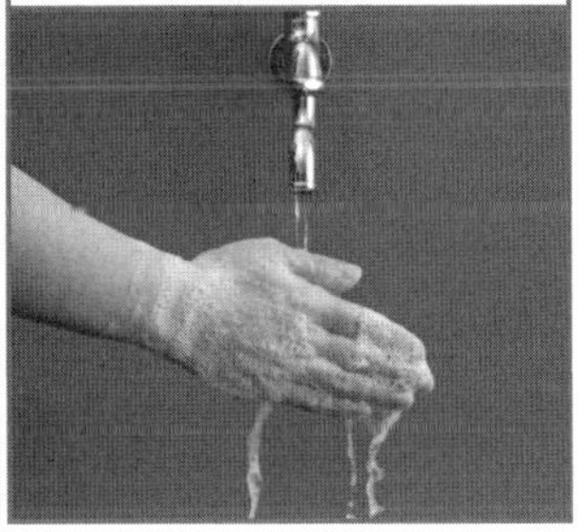

⑧ハンカチでふく

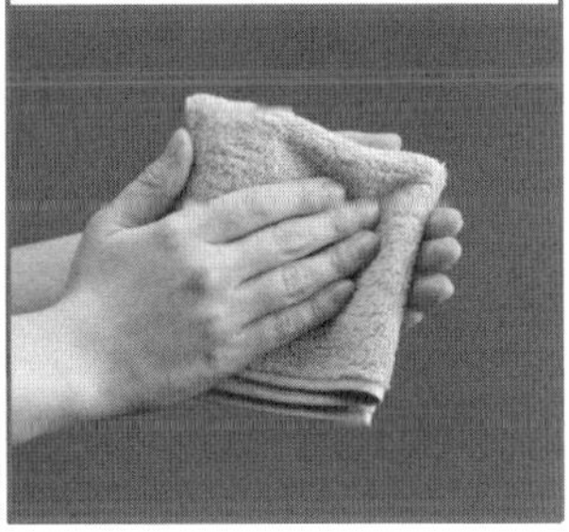

あらい残しはありませんか？
ていねいな手あらいを心がけましょう。

指導の流れ・シナリオ

小学校高学年・中学生向け

手洗いは命を救う！？

目標

・世界の子どもたちにとって、手洗いが命を救う手段のひとつになることを知り、いつもの手洗いを見直してきちんと手を洗おうという意欲を持つ【心身の健康】

		カード
導入	世界で５歳の誕生日を迎える前に亡くなる子どもの数は、１年間に630万人といわれています。これは１日に１万7000人、約５秒に１人が亡くなっている割合です。	①
展開	子どもたちの死を防ぐために大切なことは、安全な水が飲めることや、栄養のある食事がとれること、予防接種が受けられること、衛生的な環境ですごせることなどです。しかし、栄養が十分にとれないこともあって、病気にかかりやすくなっています。そこで、国連機関のユニセフは、病気から自分の身を守るための予防方法を広めています。それは何だと思いますか？	②
	その方法とは、実は「石けんを使った手洗い」なのです。この写真は、トイレの後、石けんを使って手洗いをするシエラレオネの男の子です。石けんを使った手洗いは、子どもたちの命を奪う下痢や肺炎などの予防に有効です。	③
	この写真は、正しい手の洗い方の練習をするミャンマーの子どもたちです。	④
	この写真は、バングラデシュで手洗いの大切さを伝える劇を行っているようすです。	⑤
まとめ	世界では、手洗いが命を救うひとつの手段になっています。わたしたちも、普段の手洗いを見直して、石けんを使ってしっかりと手洗いをしましょう。	⑥

ビジュアルカード

①

世界で5歳の誕生日を迎える前に
亡くなる子どもの数（年間）
630
万人
約5秒に1人の子どもが命を失っています

出典：「2014年度版 子どもの死亡における地域（開発レベル）別の傾向（Levels and Trends in Child Mortality 2014）」（ユニセフほか）

②

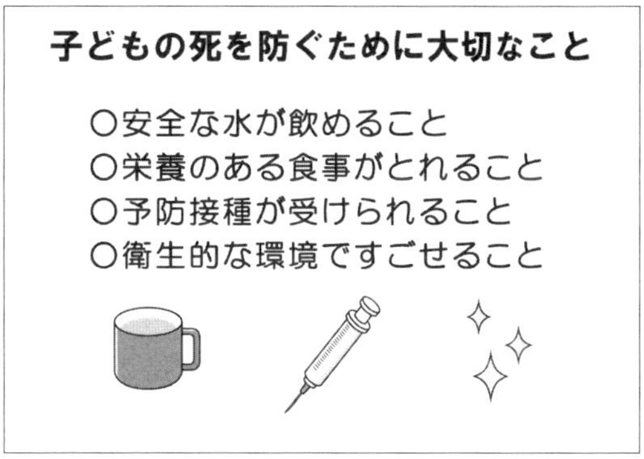
子どもの死を防ぐために大切なこと
○安全な水が飲めること
○栄養のある食事がとれること
○予防接種が受けられること
○衛生的な環境ですごせること

③

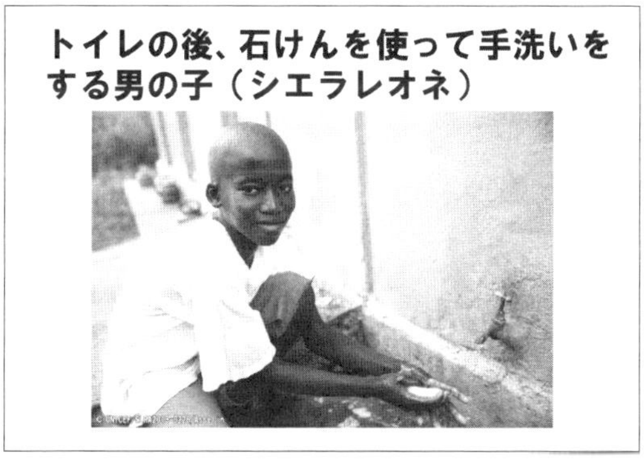
トイレの後、石けんを使って手洗いをする男の子（シエラレオネ）

© UNICEF/SLRA2013-0226/Asselin

④

正しい手の洗い方の練習をする子どもたち（ミャンマー）

© UNICEF/UNI180255/Thame

⑤

手洗いの大切さを伝える劇のようす（バングラデシュ）

© UNICEF/BANA2012-01823/Khan

⑥

手洗いは命を救う
石けんを使ってしっかりと手洗いをしましょう

ワークシート

手洗いは命を救う！？　手洗いを見直しましょう

年　　組　　名前

自分の命を守る大切な手洗い

世界では、５歳を迎える前に亡くなる子どもが１年間に 630 万人もいます。これは１日に１万 7000 人、約５秒に１人の割合です。命を失ってしまう子どもたちの多くは、栄養が十分にとれないこともあって、病気にかかりやすくなっています。そこで、病気を起こすばい菌を体に入れないためにも、石けんを使った手洗いが大切とされています。

手洗いの
大切さは
世界共通

大切な手洗いを見直しましょう

わたしの手洗い宣言！

手洗いの目標を書きましょう

手洗いが命を救う!?

トイレの後、石けんを使って手洗いをする男の子（シエラレオネ）

自分の命を守るための手洗い

世界では、５歳を迎える前に亡くなる子どもが、１年間に 630 万人もいます。これは、１日あたり１万 7000 人、約５秒に１人の割合です。命を失う子どもたちの多くは、栄養が十分にとれていないこともあって、病気にかかりやすくなっています。そこで病気を起こすばい菌を体に入れないためにも、石けんを使った手洗いが大切とされています。

正しい手の洗い方の練習をする子どもたち（ミャンマー）

手洗いの大切さを伝える劇のようす（バングラデシュ）

いつもの手洗いを見直そう

①石けんを使っていますか？

②洗い残しているところはないですか？

③きれいなハンカチでふいていますか？

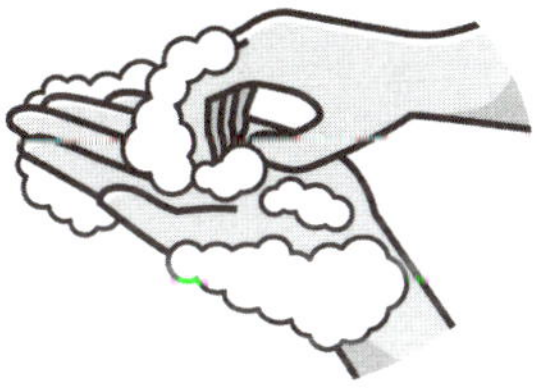

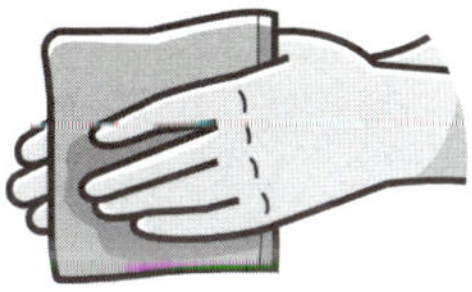

元気にすごすために、ていねいな手洗いを心がけましょう。

たより素材

きれいに
手を洗おう

石けんでしっかり
手を洗いましょう

注意

洗い残しやすい４つのポイント

指先　指と指の間　親指　手首

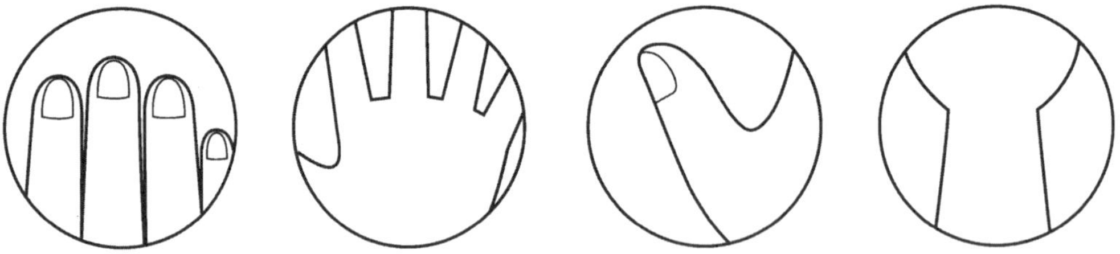

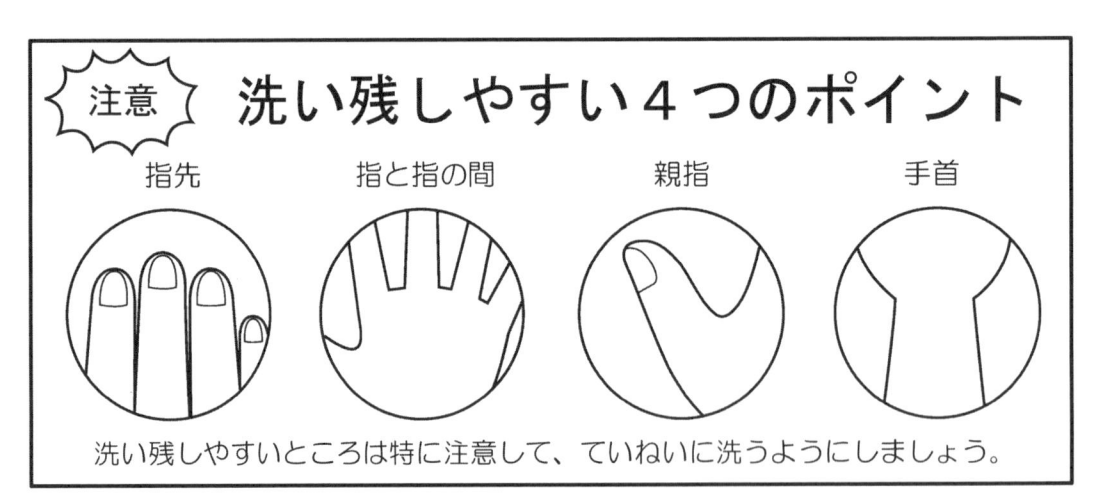

洗い残しやすいところは特に注意して、ていねいに洗うようにしましょう。

石けんで

手を洗おう！

手洗いの後は
清潔なハンカチで
ふこう

手洗いで食中毒予防

その手は本当にきれいですか？

こんな手の洗い方をしていませんか？

指先だけ

水でぬらすだけ

手は見えない汚れがついていることがあります。このような洗い方では、汚れがきれいに落ちません。石けんを使ってしっかりと洗いましょう。

手洗いは

世界では感染症などで5歳になる前に亡くなる子どもがたくさんいます。ていねいな手洗いは簡単にできる感染症予防です。

命を救う!?

指導の流れ・シナリオ

小学校低学年向け

はしを上手にもってみよう

目標

・はしの正しい持ち方がわかり、上手に持って使おうという意欲を持つ【社会性】

		カード
導入	みなさんは、はしを上手に持って使うことができていますか？　今から一緒にはしの上手な持ち方の練習をしましょう。	
展開	それではまず、はしを１本ずつ持ってみましょう。 最初に下のはしだけを持ちます。写真のように親指のつけ根と薬指ではしを持ちましょう。	①
	次に上のはしだけを持ちます。えんぴつを持つように持ってみましょう。	②
	それでは、２本のはしを持ってみましょう。この時のポイントは、はし先をそろえることと、はしとはしの間に中指が入ることです。上手に持てましたか？	③
	次は、はしを動かしてみましょう。この時のポイントは、中指を上に向かって上げるようにして上のはしだけを動かします。下のはしは動かしません。	④
まとめ	はしは、間違った持ち方に慣れてしまうと、おとなになってから直すことが大変です。今のうちからきちんと持って食べられるように練習しましょう。	

ビジュアルカード

①

下のはしのもち方

②

上のはしのもち方

③

はしのもち方

④

はしをうごかしてみよう

memo

ワークシート

はしを上手にもってみよう

年　　組　　名前

はしを上手にもってつかえると、食じがしやすくなります。はしの正しいもち方をれんしゅうしましょう。

はしのもち方

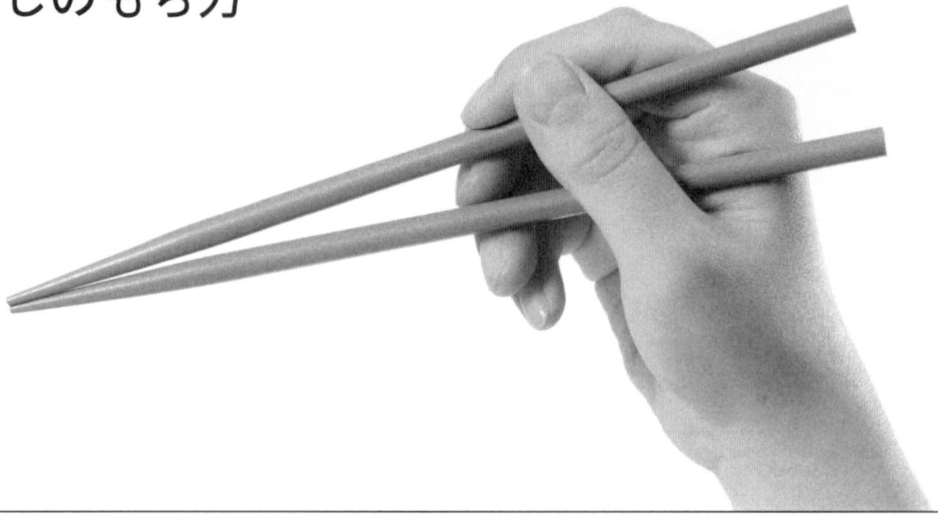

めあて

おうちの人から

掲示資料　掲示物で子どもたちの理解をより深めます

はしを正しく もってみよう

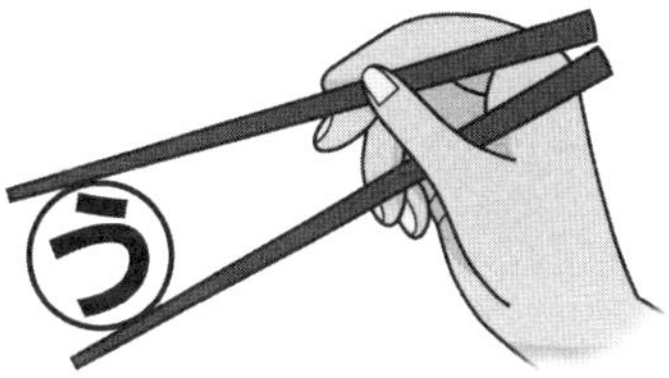

下のはしのもち方

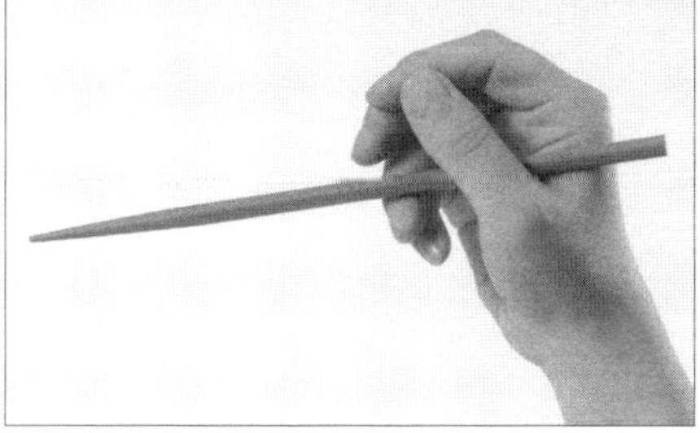

親ゆびのつけねとくすりゆびでもとう。

上のはしのもち方

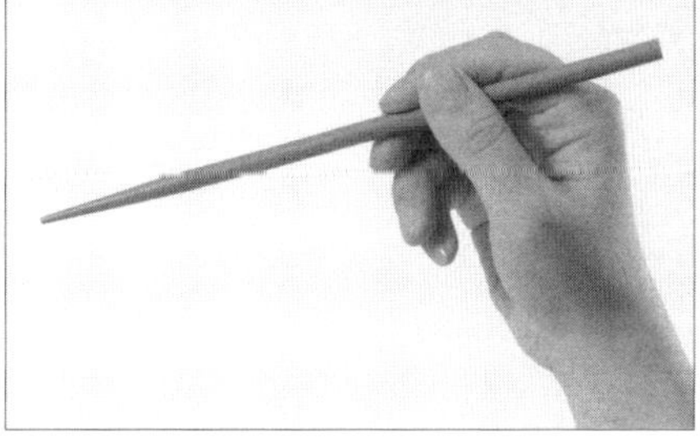

えんぴつをもつようにもとう。

……………… はしをうごかしてみよう ………………

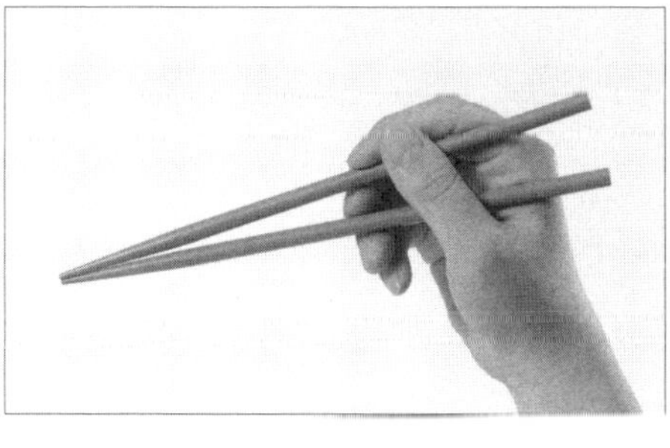

はしとはしの間
に中ゆびが入っ
ているかな？

うごかすのは、
上のはしだけ
だよ。

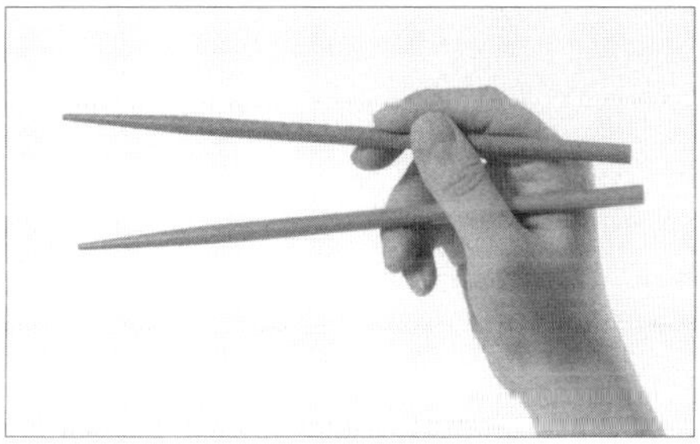

小学校中学年向け

正しいはしの持ち方をしているのはどれ？

目標

・正しいはしの持ち方を知り、正しく持てるとどうしてよいのかを理解する【社会性】

		カード
導入	それではここで、はしの持ち方クイズです。	
展開	ここに、６つのはしの持ち方があります。 （①～⑥までを黒板などにはって見せる） さあ、正しくはしを持っているのは、何番でしょうか？ ①だと思う人、手を上げてください。（順々に聞いていく） 正解は、③です。 正しいはしの持ち方は、上のはしをえんぴつを持つようにして持ちます。下のはしは親指のつけ根と薬指で持ちます。ポイントは、中指がはしとはしの間に入っていることです。	①～⑥ ①～⑥ ③
まとめ	はしを正しく持つことができると、食べ物をはさんだり、切ったりするのもスムーズにでき、見た目もきれいです。はしを正しく持つようにしましょう。	

ビジュアルカード

①

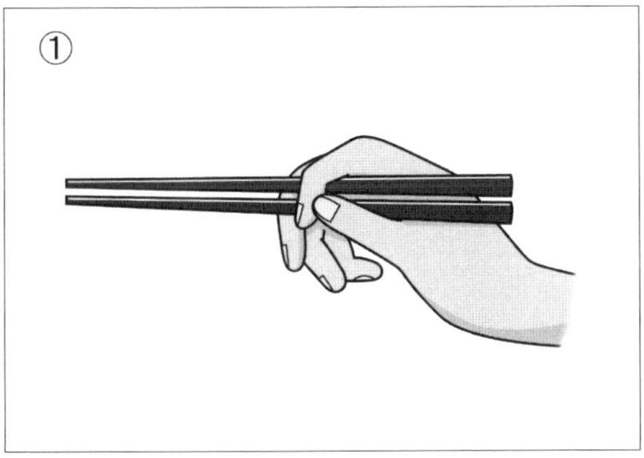

②

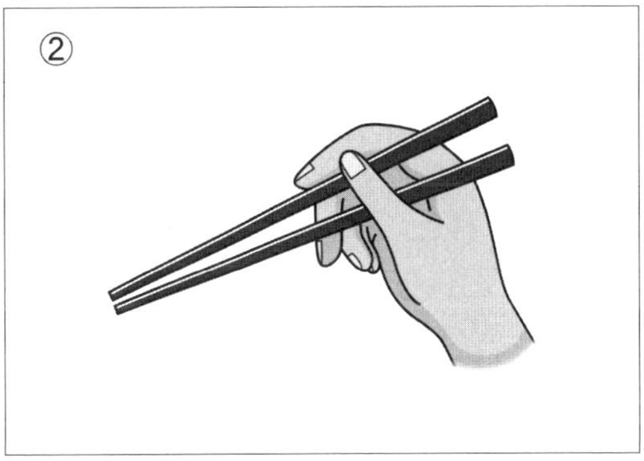

③

④

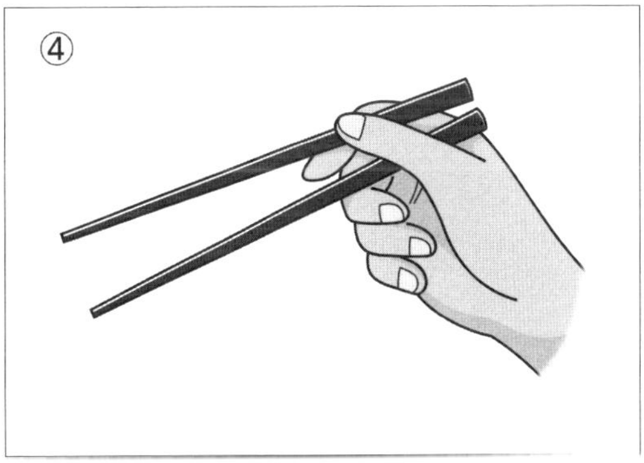

⑤

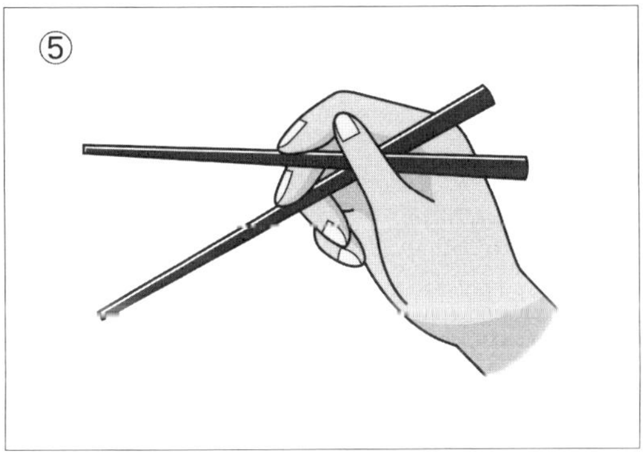

⑥

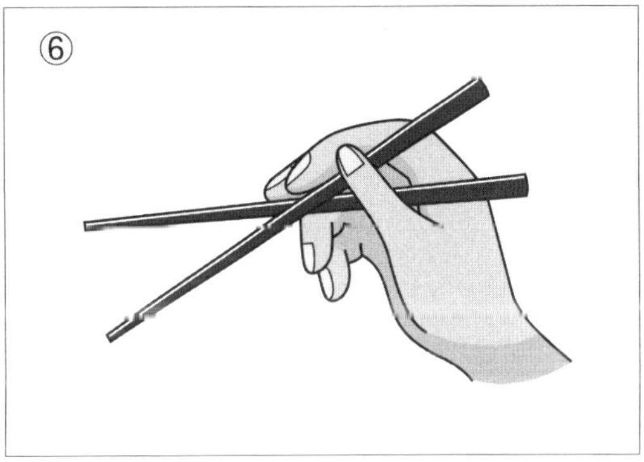

ワークシート

はしを正しく持っているのはどれ？

年　　組　　名前

■はしを正しく持っているものに○をつけましょう。

(　　)

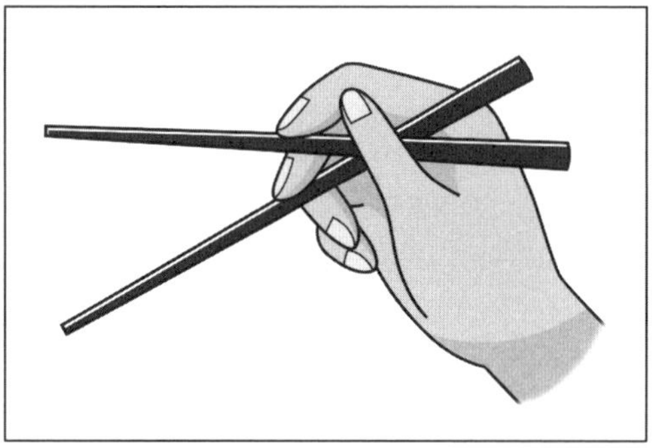

(　　)

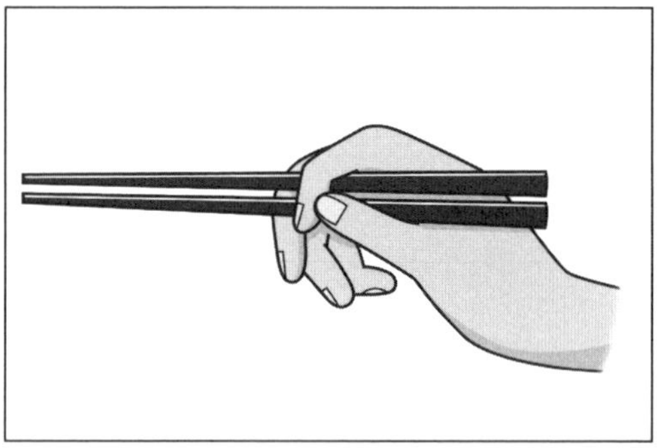

(　　)

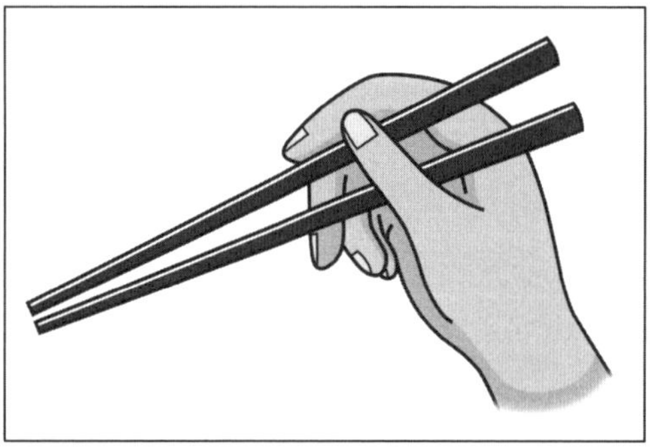

(　　)

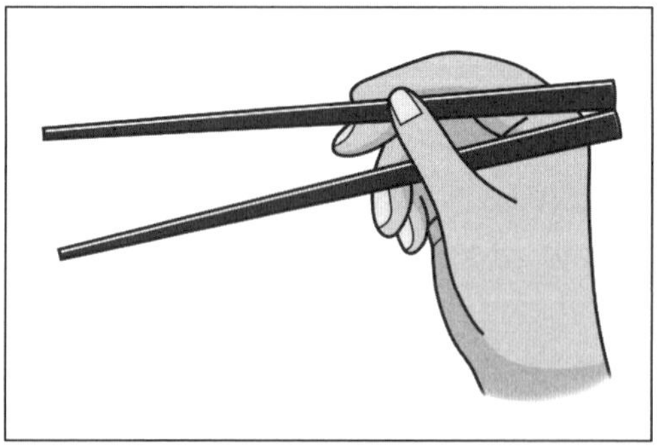

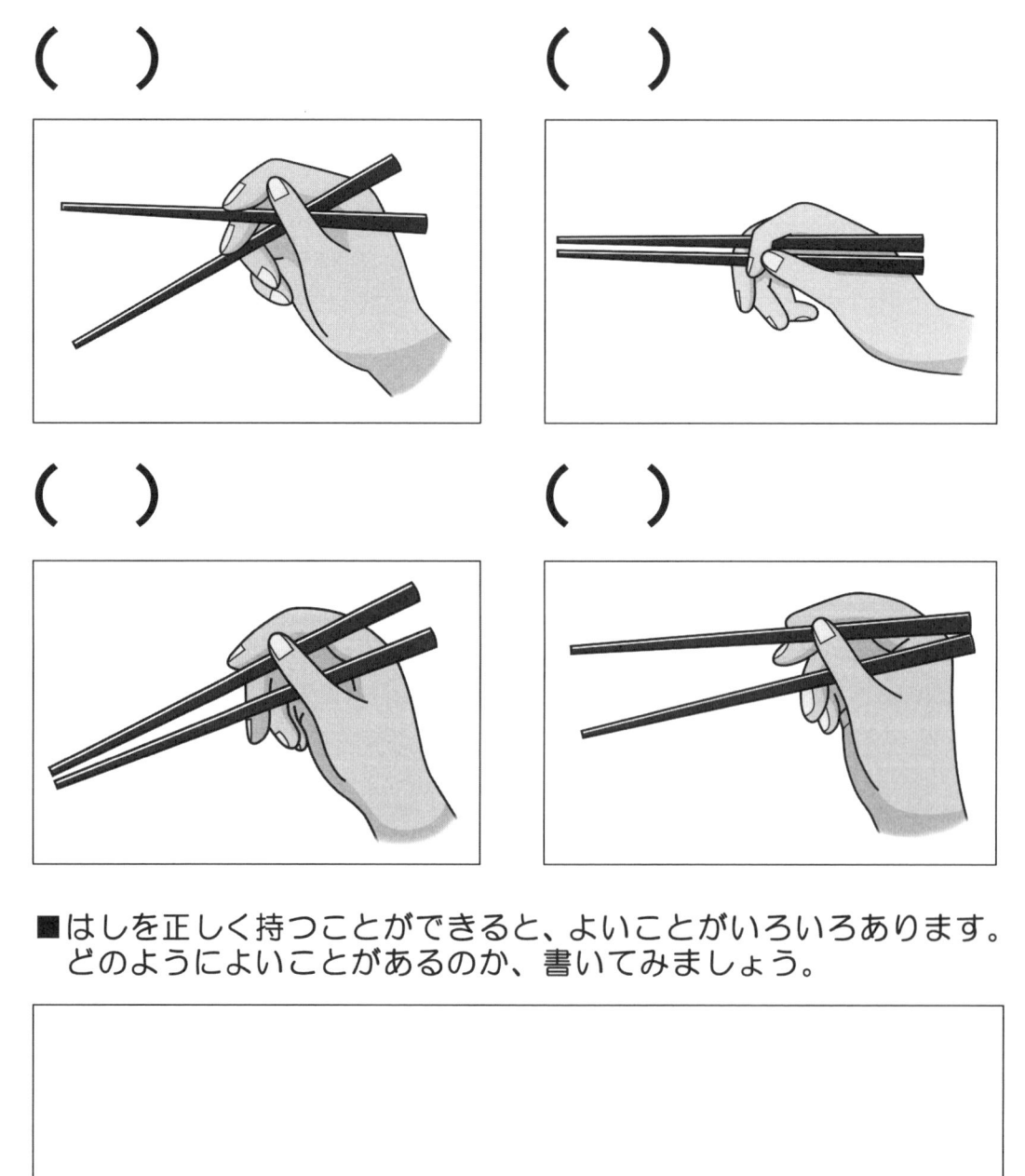

■はしを正しく持つことができると、よいことがいろいろあります。
どのようによいことがあるのか、書いてみましょう。

掲示資料　掲示物で子どもたちの理解をより深めます

はし
クイズ

正しくはしを持っているのはどれかな？

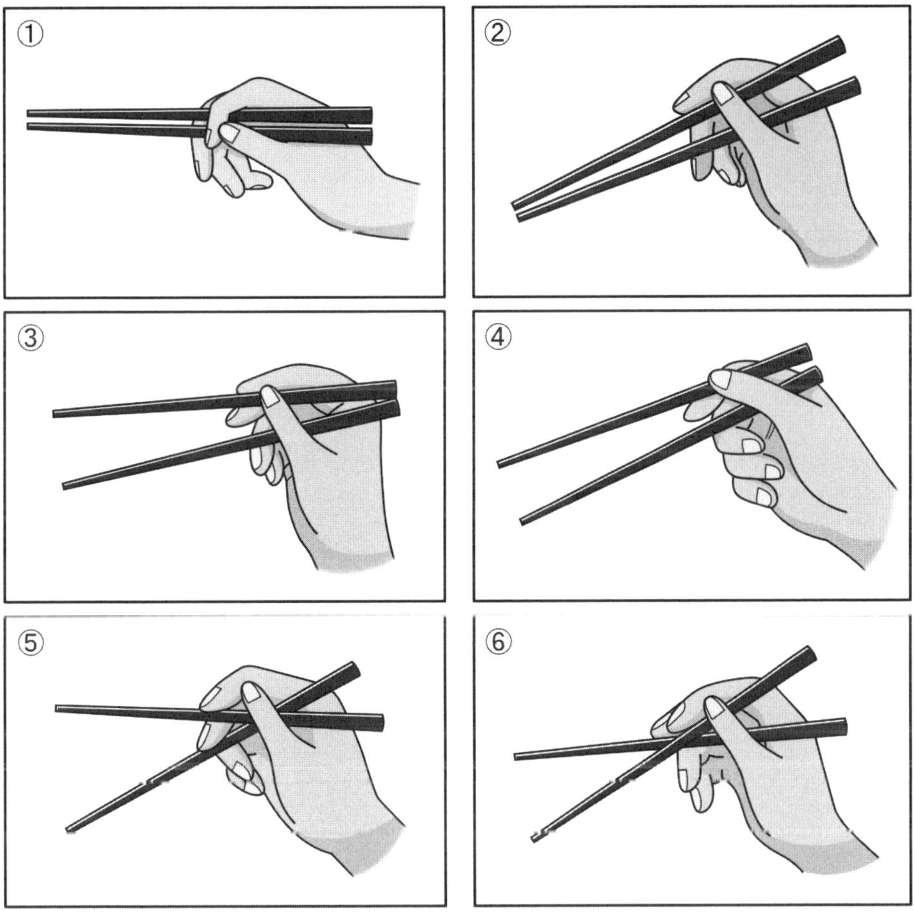
①
②
③
④
⑤
⑥

答え

③

正しくはしが持てると上手に食べることができ、見た目にもきれいです。

正しく持てるようにがんばろう

※答えの欄に紙をはるなどしてご活用ください。

指導の流れ・シナリオ

小学校高学年・中学生向け

こんなはしづかいをしていませんか？

目標

・してはいけないはしづかい（きらいばし）を知り、なぜきらいばしをしてはいけないのかがわかる【社会性】

		カード
導入	みなさんは、きちんとはしを使えていますか？ はしは持ち方だけでなく、使い方にも気を配る必要があります。してはいけないはしづかいのことを「きらいばし」といいます。 きらいばしは、一緒に食事をしている人に不快な思いをさせたり、周りを汚したりしてしまいます。 では、どのようなきらいばしがあるのかを見てみましょう。	
展開	刺しばしは、はしで食べ物を刺すことをいいます。	①
	寄せばしは、食器にはしを引っかけて、引き寄せたり移動させたりすることをいいます。	②
	涙ばしは、食べ物から汁をポタポタとたらしながら持ってくることをいいます。	③
	迷いばしは、どの料理にしようかと料理の上ではしを動かすことをいいます。	④
	持ちばしは、はしを持ったまま、同じ手で食器を持つことをいいます。	⑤
	探りばしは、料理の下の方から食べたいものを探り出すことをいいます。	⑥
まとめ	ほかにもいろいろなきらいばしがあります。みんなで気持ちよく楽しく食事をするために、はしの使い方にも気をつけましょう。	

ビジュアルカード

①

刺しばし

②

寄せばし

③

涙ばし

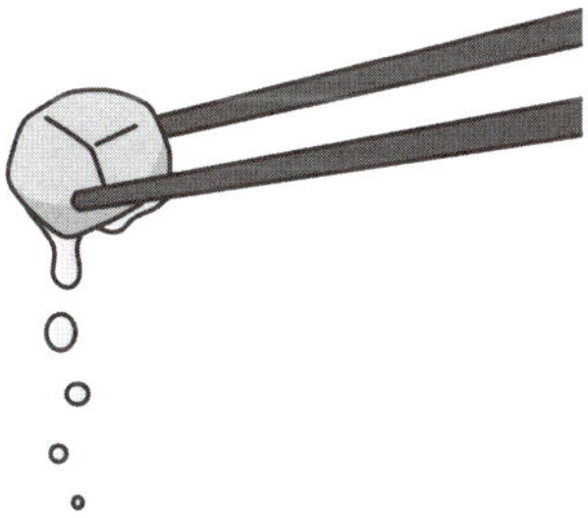

④

迷いばし

⑤

持ちばし

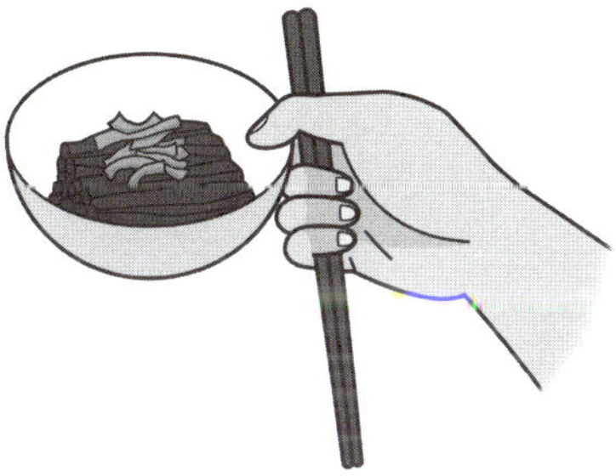

⑥

探りばし

ワークシート

こんなはしづかいをしていませんか？　きらいばし

年　　組　　名前

　してはいけないはしづかいのことを「きらいばし」といいます。きらいばしには、下の図のようなはしづかいがあります。

刺しばし	寄せばし	涙ばし
		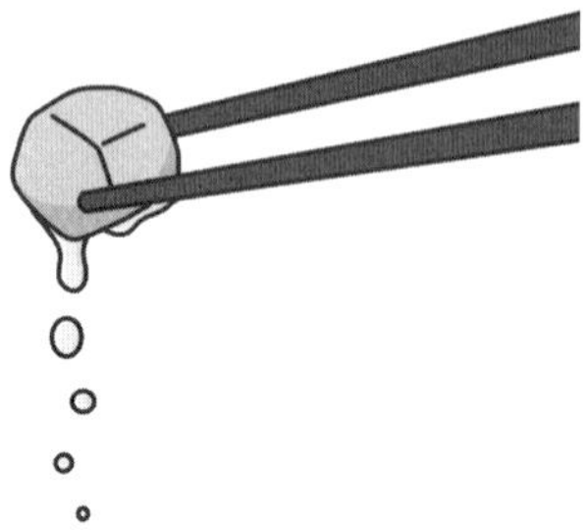
迷いばし	持ちばし	探りばし
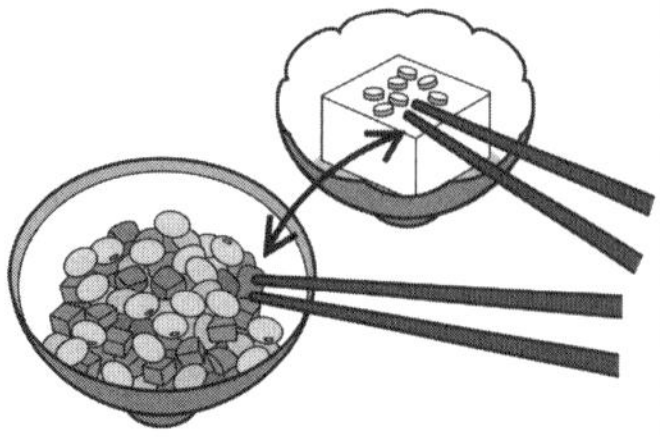		

○どうしてきらいばしをしてはいけないのでしょうか？

（　　　　　　　　　　　　　　　　　　　　　　　　　　　　）

○これから気をつけたいことや改善できることについて考えてみましょう。

（　　　　　　　　　　　　　　　　　　　　　　　　　　　　）

掲示資料　掲示物で子どもたちの理解をより深めます

こんなはしづかいをしていませんか？

きらいばし

①刺しばし

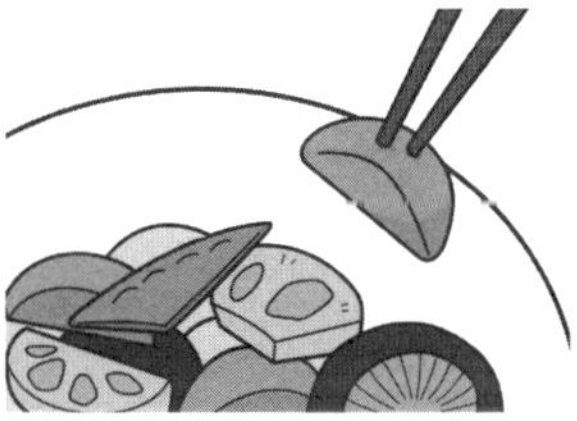

食べ物を、はしでくしのように刺すこと。

②寄せばし

食器にはしを引っかけて引き寄せたり移動させたりすること。

③涙ばし

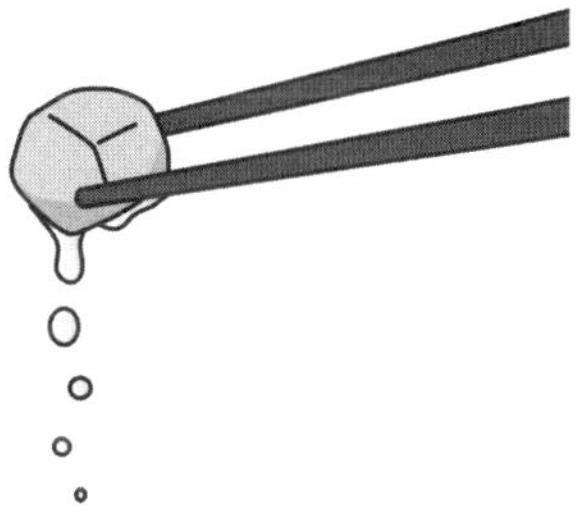

食べ物から汁をポタポタとたらしながら持ってくること。

④迷いばし

どの料理にしようかと料理の上ではしを動かすこと。

⑤持ちばし

はしを持ったまま、同じ手で食器を持つこと。

⑥探りばし

料理の下の方から、食べたいものを探り出すこと。

みんなが気持ちよく食事ができるように普段から自分のはしづかいをチェックしてみましょう。

たより素材

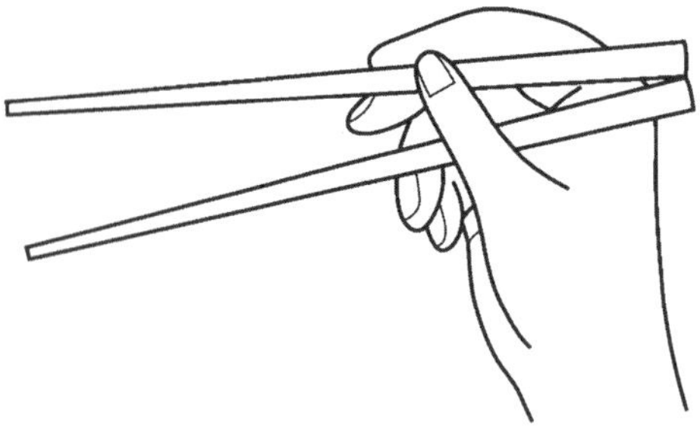

これであなたも
はし名人かも

はしを正しく持とう！

はしを大切に使おう！

はしは、日本人にとってとても大切な食事の道具です。昔から、日本人ははしを器用に使って、食事をしてきました。

こうした文化を大切に守り、また後世にも伝えていくようにしましょう。

はしの数え方

1膳

はしを数える時は、２本のはしを１組として１膳と数えます。これは昔、お膳（四角い台）に茶わんやはしがセットされて出されていたことから、１膳と呼ぶようになったといわれています。ちなみに、１膳と数えるのは、食事に使うはしだけで、さいばしなどでは使いません。

こんなことをしていませんか？

これは「きらいばし」といって食事中にしてはいけないはしづかいです。一緒に食べている人にいやな思いをさせないためのマナーです。

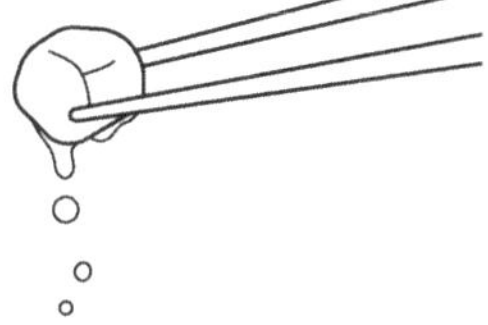

涙ばし

持ちばし

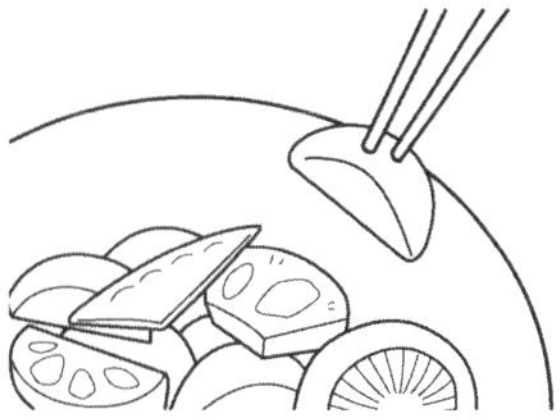

刺しばし

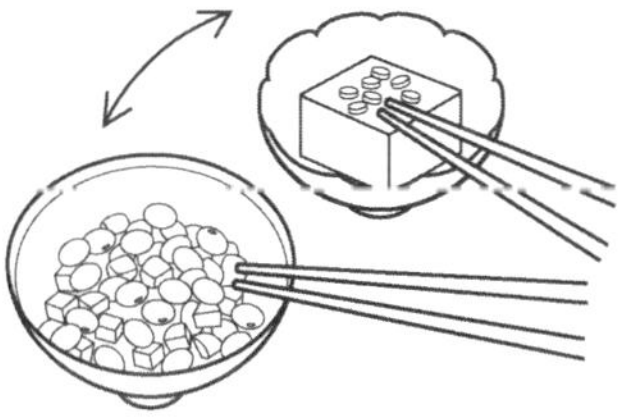

迷いばし

寄せばし

探りばし

はしと日本人

食事にはしを使う国は、中国や韓国など、複数ありますが、これらの国はさじなどのほかの道具も一緒に使っています。日本人だけが純粋にはしのみを使って、独自のはし文化を築いてきたのです。

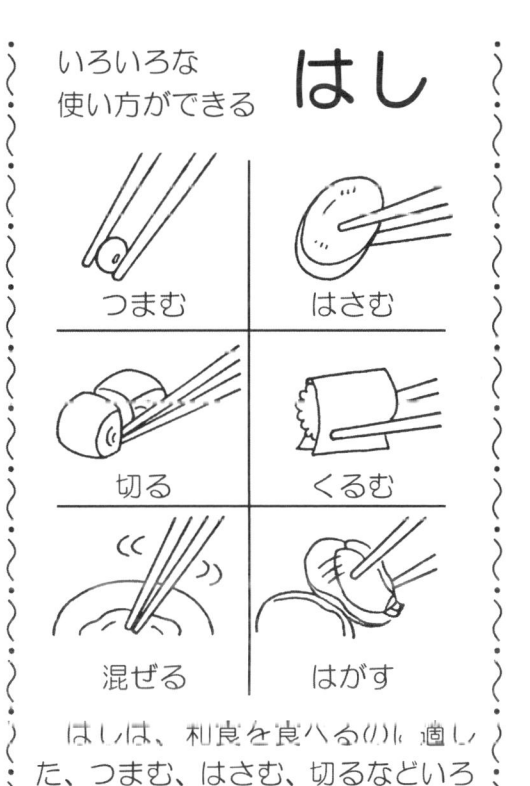

いろいろな使い方ができる　はし

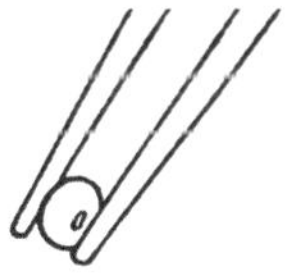

つまむ

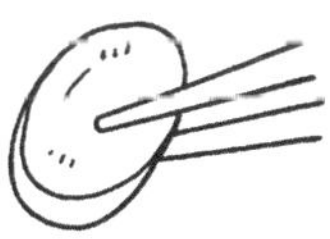

はさむ

切る

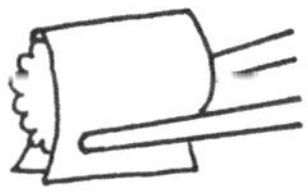

くるむ

混ぜる

はがす

はしは、和食を食べるのに適した、つまむ、はさむ、切るなどいろいろな動作をすることができます。

指導の流れ・シナリオ

小学校高学年・中学生向け

和食のすばらしさを知ろう

目標

・和食の特長を知り、日本の食文化であることを理解する。【食文化】
・学校給食でも、和食が多く取り入れられていることを知る。【心身の健康】【食品を選択する能力】

		カード
導入	2013年12月にユネスコ無形文化遺産に登録された「□食」とは何でしょう？ そうですね。和食です。※カードを裏返す。	①
展開	正式には「和食；日本人の伝統的な食文化」が登録されました。これには、4つの特長があります。 1つ目は、新鮮で豊かな食材（多様で新鮮な食材とその持ち味の尊重）です。 日本は海、山、川、里などの自然に恵まれ、各地で米、野菜、魚などの新鮮な食材が豊富にとれ、食材を生かす調理技術などが発達しています。 2つ目は、一汁三菜（栄養バランスにすぐれた健康的な食生活）です。 ごはんが主食の一汁三菜を基本とした日本の食事は、栄養バランスがよいといわれ、健康長寿に役立っています。 3つ目は、季節感（自然の美しさや季節のうつろいの表現）です。 季節ごとの食材を使い、花や葉を料理に飾ったり、季節に合った器などを利用したりして、食事の場で季節感を楽しむことができます。 4つ目は、年中行事と食（正月などの年中行事との密接なかかわり）です。 日本の食文化は、年中行事と密接にかかわっていて、家族や地域で受け継がれ、食の時間を共有することで、絆を深めてきました。	 ② ③ ④ ⑤
まとめ	学校給食にも和食がよく登場しますね。学校給食は、地域の新鮮な食材を生かし、栄養のバランスがとれていて、季節感があふれています。また、行事食も取り入れられています。 学校給食の献立を確認して、和食を味わいましょう。	⑥

※指導の流れ・シナリオの②③④⑤の（　　　）内の文字は、ユネスコ無形文化遺産に農林水産省が申請した際の概要です。
※ビジュアルカード⑥は、それぞれの学校に合わせて、給食の和食献立の写真に差しかえてご活用いただけます。

ビジュアルカード

①

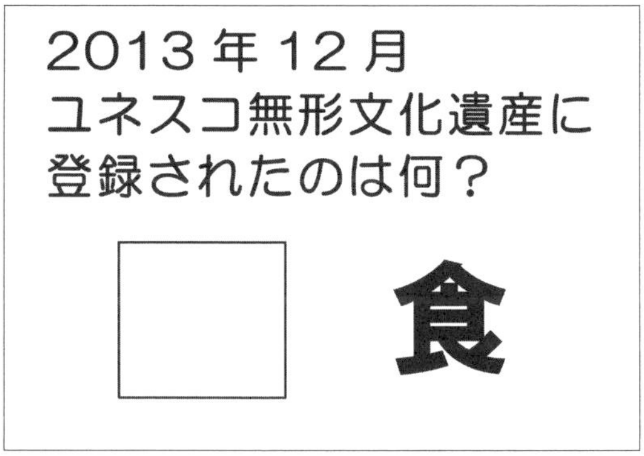
2013年12月
ユネスコ無形文化遺産に
登録されたのは何？
食

②

新鮮で豊かな食材

③

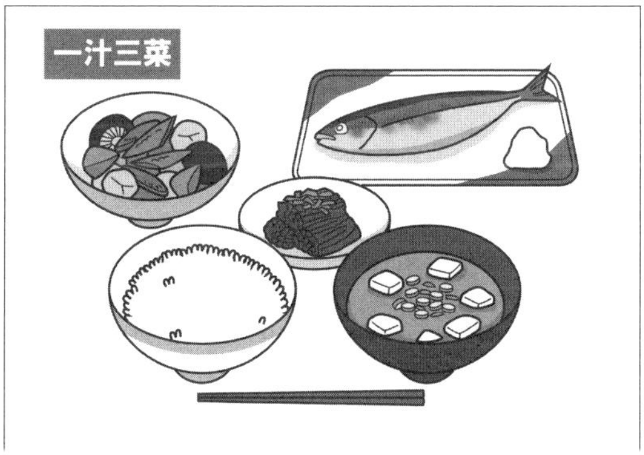
一汁三菜

④

季節感
春
夏
冬
秋

⑤

年中行事と食
正月
桃の節句
月見
端午の節句

⑥

牛乳

【指導の前に準備すること】

・ビジュアルカードの①の裏に、①の答えをはっておきます。①の答えは、CD-ROM内に収録してあります。

ワークシート

和食のすばらしさを知ろう

年　　組　　名前

2013 年 12 月に、ユネスコ無形文化遺産に和食が登録されました。和食のすばらしさについて、考えてみましょう。

1　ユネスコ無形文化遺産には、「和食；日本人の伝統的な食文化」として登録されました。この時に 4 つの特長があげられています。下から選んで文字を入れましょう。

- 多様で新鮮な [　　] とその持ち味の尊重
- [　　] バランスにすぐれた健康的な食生活
- 自然の美しさや [　　] のうつろいの表現
- [　　] などの年中行事との密接なかかわり

夏休み	栄養	1日	消化	正月	水	季節	食材

2　みなさんが知っている年中行事や行事食を書いてみましょう。

月	年中行事	行事食

掲示資料　掲示物で子どもたちの理解をより深めます

和食のすばらしさを 知ろう 受け継ごう

一、新鮮で豊かな食材

日本各地では、米、野菜、魚などの新鮮な食材が豊富にとれ、食材を生かす調理技術などが発達しています。

二、栄養バランス

一汁三菜を基本とした日本の食事は、栄養バランスがよいといわれ、健康長寿や肥満防止に役立っています。

三、季節感

季節の食材を使い、季節に合った器や盛りつけなどを工夫し、食事の場で季節感を楽しみます。

四、年中行事と食

日本の食文化は、正月などの年中行事と密接にかかわっていて、家族や地域で受け継がれ、絆を深めてきました。

2013年12月にユネスコ無形文化遺産に登録された和食は、世界に誇れる日本の伝統的な食文化です。和食には、季節の新鮮な食材が使われ、栄養のバランスがとれているなど、よい面がたくさんあります。また、日本の伝統的な行事とも密接にかかわっています。和食のよさを知って受け継いでいきましょう。

指導の流れ・シナリオ

小学校高学年・中学生向け

和食の未来を救うのはあなたです！

目標

・約 50 年の間に米を食べる量や食料自給率が変わっていったことを知る【食品を選択する能力】【食文化】

		カード
導入	お昼のニュースです。今日のニュースは……。 「ついにA県で田んぼが消滅」「工場でつくる野菜が８割超え」 「行事食を知らない若者が９割」 今のニュースは、21XX 年の架空のお話です。みなさんはこのニュースを聞いてどう思いましたか？　50 年後、100 年後には、どのような世の中になっているのでしょうか。	①
展開	これは、米などを食べた量（１人１日あたりの供給数量）の変化をあらわしたグラフです。米を見てみると、1960 年（昭和 35 年）から、2013 年の約 50 年間の間に、米を食べる量が半分に減ってしまっています。 一方、牛乳・乳製品は約４倍に、肉類は約６倍に増えています。	②
	このグラフは、穀類の支出金額の変化をあらわしたものです。 1963 年（昭和 38 年）には、穀類の中で、米が大半（約 82%）を占めています。ところが、50 年後の 2013 年には、米は約 36%と穀類の中でもパンよりも若干少なくなっています（パン約 37%、めん類約 21%）。	③
	このグラフは、日本の食料自給率の変化をあらわしたものです（カロリーベース）。1960 年にはカロリーベースで 79%だった食料自給率は、2013 年には 39%に低下しています。	④
	さて、これからの未来はどうなっていくのでしょうか？ 「食料自給率アップ！　和食のすばらしさをみんなが認識している」のでしょうか。それとも 「食料自給率がさらに低下！　和食は限られた人しか食べないものに……」なっているのでしょうか。 身近な食生活をふり返って、考えてみましょう。	⑤
まとめ	100 年後の和食の未来を決めるのは、今とこれからのあなたの食生活なのです。	⑥

※ビジュアルカード②のデータ

1960 年　米 313g、牛乳・乳製品 61g、肉類 14g、野菜 273g、魚介 76g

2013 年　米 151g、牛乳・乳製品 214g、肉類 82g、野菜 253g、魚介 74g

ビジュアルカード

①

21XX年のニュース
ついにA県で田んぼが消滅
工場でつくる野菜が8割超え
行事食を知らない若者が9割

②

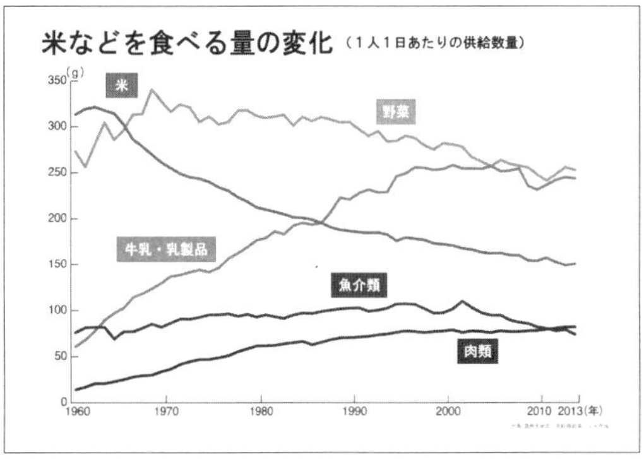

米などを食べる量の変化（1人1日あたりの供給数量）
(g)
350
300
250
200
150
100
50
0
米
野菜
牛乳・乳製品
魚介類
肉類
1960
1970
1980
1990
2000
2010
2013(年)

出典：農林水産省「食料需給表」より作成

③

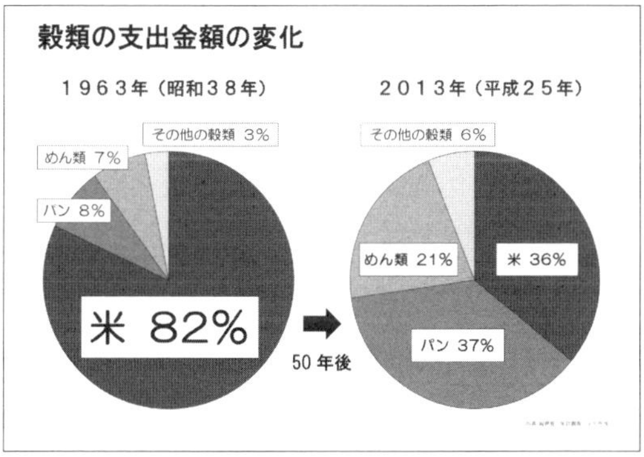

穀類の支出金額の変化
1963年（昭和38年）
2013年（平成25年）
その他の穀類 3%
めん類 7%
パン 8%
米 82%
50年後
その他の穀類 6%
めん類 21%
米 36%
パン 37%

出典：総務省「家計調査」より作成

④

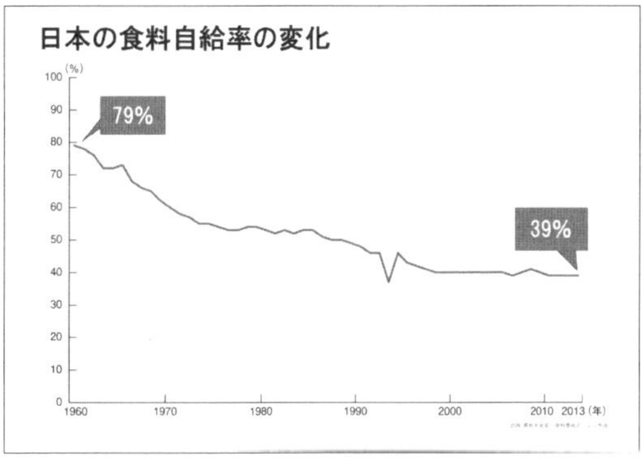

日本の食料自給率の変化
(%)
100
90
80
70
60
50
40
30
20
10
0
79%
39%
1960
1970
1980
1990
2000
2010
2013(年)

出典：農林水産省「食料需給表」より作成

⑤

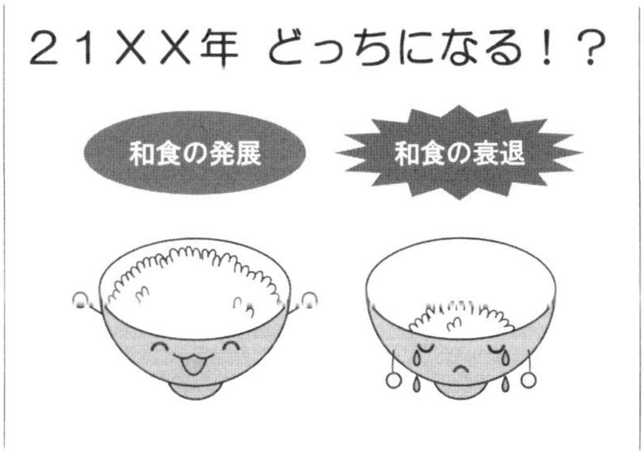

21XX年 どっちになる！？
和食の発展
和食の衰退

⑥

100年後の和食の
未来を決めるのは
あなたの食生活です！
よろしくおねがいします

※ 1人1日あたりの供給数量とは、国内で消費に回された食料（国内生産＋輸入—輸出 ± 仕庫増減）のうち、野菜のしんや魚の内臓などを除いたもの（純食料）を国民の総人口で除して得たものです。純食料には、店での売れ残りや賞味期限切れによる廃棄なども含まれるため、純粋な「摂取量」とは違いますので、ご了承ください。

ワークシート

和食や食料自給率について考えてみましょう

年　　組　　名前

1　下記の図を見て、気がついたことを書いてみましょう。

米を食べる量の変化（１人１日あたりの供給数量）

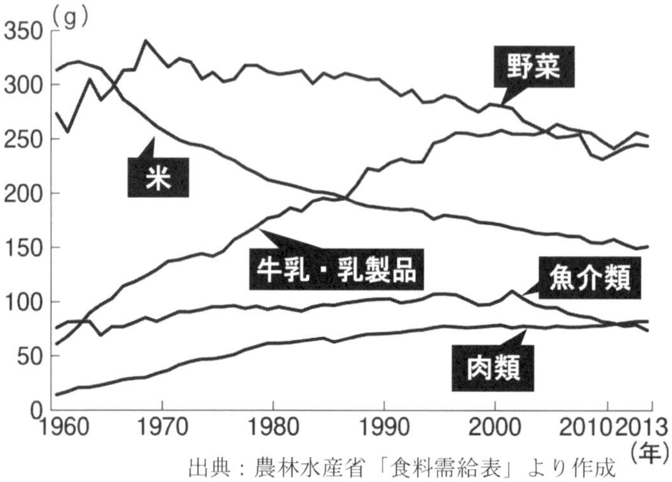

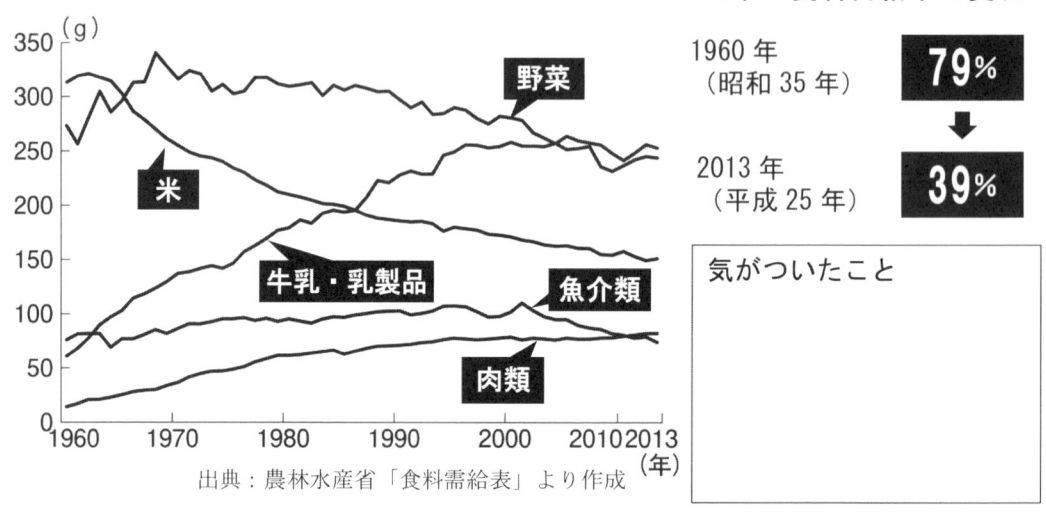

出典：農林水産省「食料需給表」より作成

日本の食料自給率の変化

1960 年（昭和 35 年）　**79%**

↓

2013 年（平成 25 年）　**39%**

気がついたこと

2　自分の普段の食生活をふり返ってチェックしてみましょう。

□朝ごはんは、ごはんですか？　パンですか？　そのほかのものですか？
□和食の基本、一汁三菜を知っていますか？
□和食の配ぜんや、はしをきちんと持つことを心がけていますか？
□食事の時に「いただきます」「ごちそうさま」のあいさつをしていますか？
□１日にどのくらい米を食べていますか？
□季節ごとにとれる旬の食品を食べていますか？
□地域でとれた食べ物を食べていますか？
□食べ残しを減らす努力をしていますか？
（食品ロスが多いと食料自給率が下がります）
□家で行事食や郷土料理をつくったり食べたりしていますか？

3　和食を未来に残し、食料自給率を上げるために、自分でできることを考えてみましょう。

和食や食料自給率について考えてみましょう！

下の図は、米などの食品を食べる量の変化と、日本の食料自給率の変化をあらわしたものです。これを見て、気づいたことはありますか？

米を食べる量の変化（1人1日あたりの供給数量）

出典：農林水産省「食料需給表」より作成

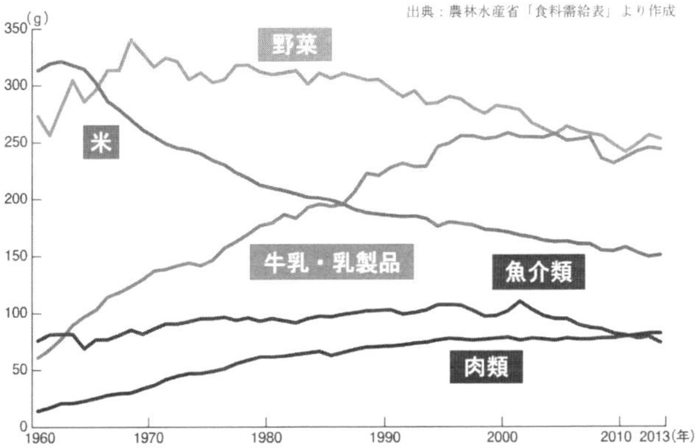

今から 50 年ほど前は、1人1日、313g の米を食べていました。ところが、今はその当時の半分くらいの量（151g）になっています。

日本の食料自給率の変化

1960 年（昭和 35 年）

79%

↓

2013 年（平成 25 年）

39%

自分の食生活をふり返ってみましょう

自分の食生活をふり返ってみると、今のあなたの状況が見えてきます。

■朝食は、ごはんですか？　パンですか？　そのほかのものですか？

■一汁三菜を知っていますか？

■地域の生産物を食べていますか？

■和食の配ぜんや、はしをきちんと持つことを心がけていますか？

■家で行事食や郷土料理をつくったり食べたりしていますか？

和食を食べ継ぎ、食料自給率を上げるのは、みなさんの今とこれからの食生活なのです！

たより素材

和食を食べよう！

和食を食べましょう

和食の基本は

一汁三菜

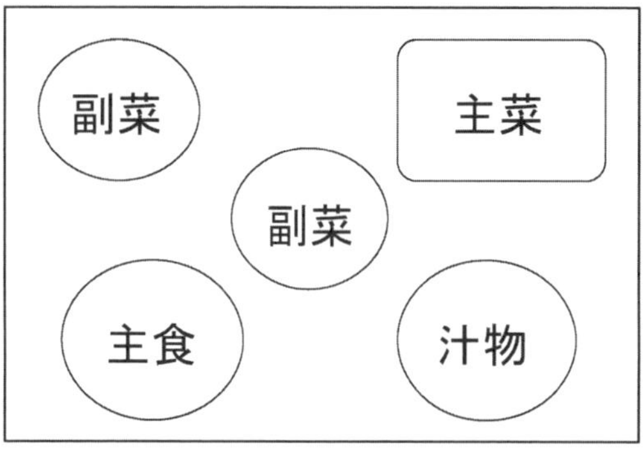

11 月 24 日は

和食の日

2013 年 12 月「和食；日本人の伝統的な食文化」が
ユネスコ無形文化遺産に登録されました

これは、単に「和食」というだけでなく、日本人が長い間食べ継いできた伝統的な食文化としての和食が登録され、世界に認められたのです。これには、正月などの年中行事とのかかわりや季節感を楽しむという要素も含まれています。

ごはんと汁物で季節を味わおう

春
- たけのこごはん
- グリンピースごはん
- 若竹汁
- はまぐりのうしお汁

夏
- えだまめごはん
- あゆごはん
- なすのみそ汁
- みょうがのみそ汁

秋
- 栗ごはん
- さつまいもごはん
- きのこ汁

冬
- さといもごはん
- 菜めし
- だいこんのみそ汁

どんな料理があるか調べてみよう

いただきます・ごちそうさま・いただきます・ごちそうさま・いただきます・ごちそうさま・いただきます・ごちそうさま・いただきます・ごちそうさま・

食事の前後に

いただきます
ごちそうさま

忘れずにね！

海外からも注目！

WASHOKU

栄養バランスのよい和食は、海外でも関心が高まっています。日本を訪れる外国の人の多くが、日本の料理について興味があるという調査があります。2020年には、東京でオリンピックが開催されます。

ぜひ和食のすばらしさについて、世界に発信していきましょう！

ご家庭で和食を

みなさんのご家庭では、ごはんや和食を毎日食べていますか？ごはんと汁物におかずを合わせる献立は、日本で食べ継がれてきた食事です。この食文化を大切にしていきましょう。

指導の流れ・シナリオ

小学校低学年向け

食もつアレルギー　みんなにまもってほしいこと

目標

・食物アレルギーがある人がいることを知る【心身の健康】
・楽しい給食時間にするために、何に注意すべきなのかがわかる【社会性】

		カード
導入	今は給食の時間です。この男の子は水筒を持っていて、牛乳を飲んでいません。これはどうしてでしょうか？	①
展開	この男の子は牛乳を飲まないようにしています。これは好ききらいではありません。実は、牛乳を飲むとおなかが痛くなったり、体がかゆくなったりしてしまう牛乳の食物アレルギーがあるからです。 食物アレルギーは、ある食べ物を食べると具合が悪くなることをいいます。	②
	食物アレルギーになりやすい食べ物は牛乳のほかに、卵や小麦など、いろいろあります。	⑥～⑰
	このような食物アレルギーがある友だちがいる時に、みんなに守ってほしいことがあります。 １つ目は友だちと給食を交換しないようにしてください。 この男の子の場合、牛乳以外に牛乳でできた食べ物も食べないようにしています。この日の給食にはチーズハンバーグが出ていますが、この男の子はチーズなしのハンバーグになっています。 食物アレルギーがある人用にはアレルギーのもとになる食べ物を入れないで給食をつくっているので、交換しないようにしましょう。	③
	２つ目は、給食時間に教室を走り回ったり、ふざけたりしないでください。 走ったりふざけたりして牛乳がこぼれて、それが肌についたり、飛び散った牛乳を吸い込んだりすると、具合が悪くなることがあるからです。給食は自分の席に座って、静かに食べましょう。	④
まとめ	もし、給食を食べている時や休み時間に、友だちのようすが変だなと感じたら、すぐに先生を呼んでください。先生がいない時は、近くにいるおとなの人に知らせてください。	⑤

ビジュアルカード

①

どうして牛にゅうをのんでいないの？

②

牛にゅうアレルギーがあるから

③

友だちときゅう食を交かんしない

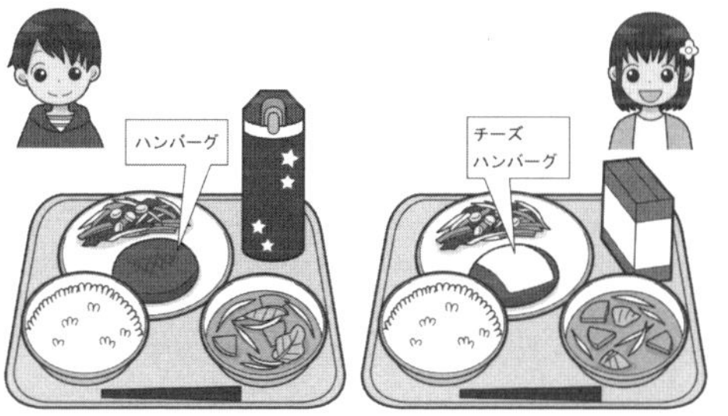

④

走り回ったりふざけたりしない

⑤

ようすがおかしいと思ったら

⑥

たまご

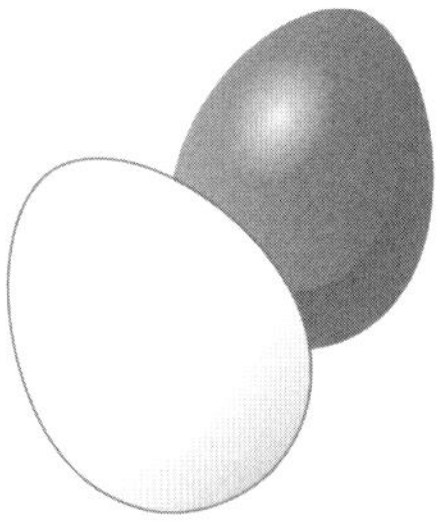

⑦

牛にゅう

⑧

小麦

⑨

えび

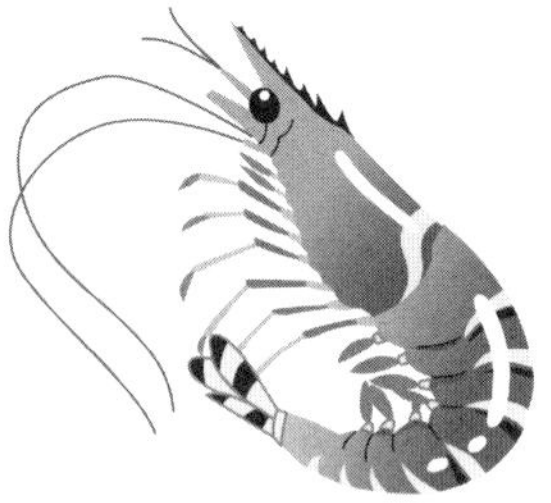

⑩

かに

⑪

らっかせい

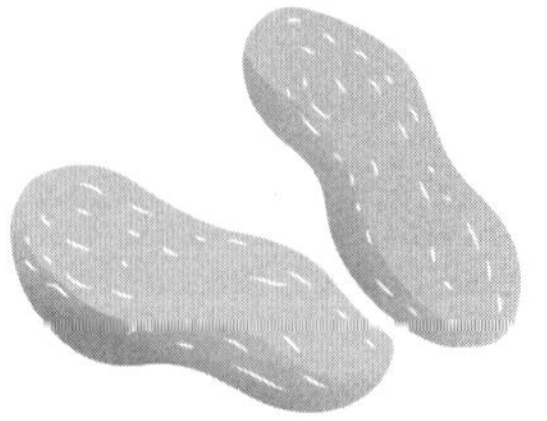

⑫

そば

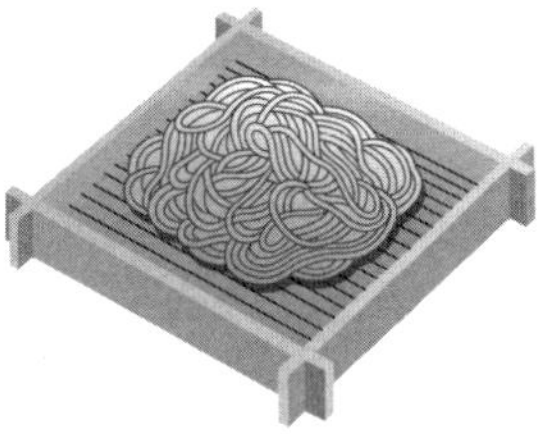

⑬

だいず

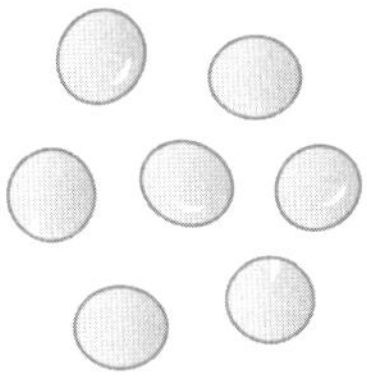

⑭

ごま

⑮

りんご

⑯

オレンジ

⑰

キウイフルーツ

ワークシート

食もつアレルギー　みんなにまもってほしいこと

年　　組　　名前

ある食べものを食べて、おなかがいたくなったり、体がかゆくなったりすることを「食もつアレルギー」といいます。

◆食もつアレルギーがある友だちといっしょにきゅう食を食べる時にまもってほしいこと。

友だちときゅう食を交かんしない	走り回ったりふざけたりしない

Q.きゅう食を食べている時や休み時間に友だちのようすがおかしいと思った時は、どうしますか？

（　　　　　　　　　　　　　　　　　　　　）

おうちの人から

掲示資料　掲示物で子どもたちの理解をより深めます

食もつアレルギーがある友だちと
楽しく食べるために

食もつアレルギーって？

ある食べものを食べることで、ぐあいがわるくなること。

おなかがいたくなったり、せきやじんましんが出たりします。

食もつアレルギーになりやすい食べもの

MILK
たまご
牛にゅう
小麦
えび
かに
らっかせい
そばなど

みんなにまもってほしいこと

●友だちときゅう食を交かんしない

ハンバーグ
チーズ
ハンバーグ

●走り回ったりふざけたりしない

●友だちのようすがおかしいと思った時はすぐに先生に知らせる

みんなが、あんしんして楽しくきゅう食が食べられるようにしましょう。

指導の流れ・シナリオ

小学校高学年・中学生向け

いつ発症するかわからない　食物アレルギーを知ろう

目標

・学童期以降でも食物アレルギーが発症することを知り、その症状を理解する【心身の健康】

		カード
導入	この円グラフは何をあらわしているのでしょうか？　これは、初めて食物アレルギーになった人の年齢の割合を示しています。 このグラフによると食物アレルギーの多くは１歳未満で発症します。ところが、みなさんの年齢でも発症する人がいます。 ０歳では原因となる食べ物は卵、牛乳、小麦がほとんどですが、７歳から 19 歳ではおもに果物類、甲殻類などが増えてきます。	①
展開	食物アレルギーはある食べ物を食べたり触ったりするとアレルギー症状が出ることをいいます。 食物アレルギーの症状はいろいろあり、人によって原因となる食べ物や症状などが違います。	
	皮膚のかゆみや顔のはれ、じんましん、目のかゆみや充血、くしゃみ、鼻水、のどのかゆみ、口の中のイガイガ感などの皮膚・粘膜症状	②
	腹痛や吐き気、おう吐、下痢などの消化器症状	③
	せき、呼吸困難、ゼイゼイ、ヒューヒュー、声がれなどの呼吸器症状などがあります。	④
	さらに複数の症状が同時に、急激にあらわれることをアナフィラキシーといい、その中でも呼吸困難や意識障害を伴うアナフィラキシーショックは、命にかかわる危険な状態です。	⑤
まとめ	もしかして食物アレルギー？　と思った時は、保護者と一緒に病院へ行き、医者にみてもらいましょう。	⑥

ビジュアルカード

①

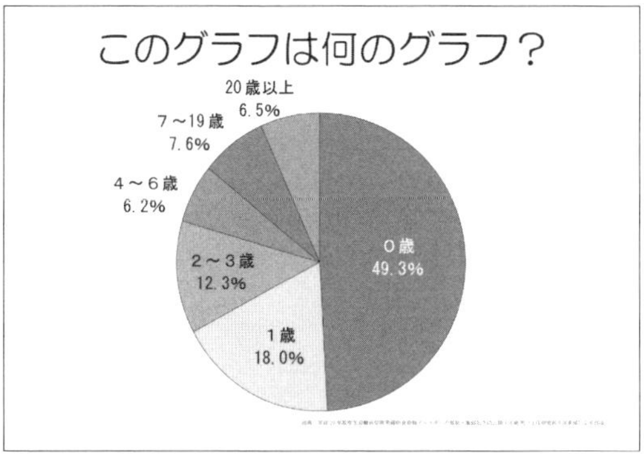
このグラフは何のグラフ？
20歳以上
6.5%
7～19歳
7.6%
4～6歳
6.2%
2～3歳
12.3%
1歳
18.0%
0歳
49.3%

出典：平成20年度厚生労働科学研究補助金食物アレルギーの発症・重症化予防に関する研究（主任研究員今井孝成）より作成

②

皮膚・粘膜症状
目のかゆみ
顔などが
はれる
皮膚のかゆみ
じんましん
鼻水
のどのかゆみ
口の中の
イガイガ感
など

③

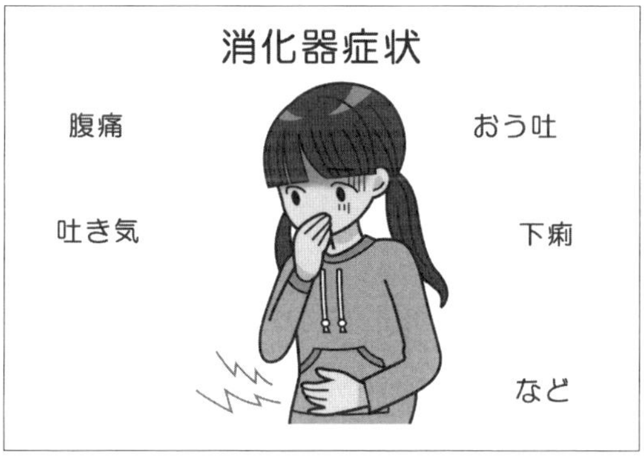
消化器症状
腹痛
吐き気
おう吐
下痢
など

④

呼吸器症状
ゼイゼイ
ヒューヒュー
声がれ
せき
呼吸困難
など

⑤

アナフィラキシーショック
呼吸困難
血圧低下
意識障害
など
命にかかわる危険な状態

⑥

食物アレルギー？　と思ったら

ワークシート

食物アレルギーを知ろう

年　　組　　名前

食物アレルギーはある食べ物を食べたり触ったりするとアレルギー症状が出ることをいいます。症状はさまざまで、人によって原因となる食べ物や症状などが違います。

食物アレルギーの症状

じんましんや、くしゃみ、鼻水などの皮膚・粘膜症状

腹痛や吐き気、おう吐、下痢などの消化器症状

せき、呼吸困難、ゼイゼイなどの呼吸器症状

複数の症状が同時に、急激に出るアナフィラキシー

■次の問いについて、正しいと思うものに○をつけましょう。

Q. 食物アレルギーになるのは、赤ちゃんや幼児だけである。

　1　はい　　2　いいえ　　3　わからない

Q. 食物アレルギーの原因となる食べ物は、卵・牛乳・小麦の３つである。

　1　はい　　2　いいえ　　3　わからない

Q. 食物アレルギーと思われる症状が出た時はどうする？

　1　何もせず、普段通りにすごす
　2　保護者と相談して食べない食べ物を決める
　3　保護者と一緒に病院へ行き、医者に相談する

■食物アレルギーについてわかったこと

何歳になってからも発症する！？

食物アレルギー

1歳未満に
多い原因食品

7～19歳に
多い原因食品

卵	牛乳	小麦

果物類	甲殻類	小麦

食物アレルギーは特定の食べ物を食べたり触ったりすることによってアレルギー症状が出ることをいいます。多くは1歳未満で発症しますが、みなさんの年齢でも発症することがあります。また、年齢によって発症しやすい食べ物が違います。

食物アレルギーの症状

●皮膚・粘膜症状
顔のはれ、じんましん、目の充血、くしゃみ、鼻水など

●消化器症状
腹痛や吐き気、おう吐、下痢など

●呼吸器症状
せき、呼吸困難、ゼイゼイ、ヒューヒューなど

●アナフィラキシー
複数の症状が同時に、急激にあらわれる、血圧低下、意識障害など

もしかして食物アレルギー？　と思った時は医者にみてもらいましょう。

たより素材

食物アレルギーとは……？

ある特定の食べ物によって、じんましんや腹痛、おう吐、ゼイゼイ・ヒューヒューなどのぜん鳴や、息苦しさなどのアレルギー症状を起こすことをいいます。食べるだけでなく、触ったり吸い込んだりしただけでも症状が出ることがあり、また、場合によっては命にかかわる危険な状態になることもあります。

食物アレルギーの原因になりやすい食べ物

卵、牛乳、小麦、えび、かに、落花生、そばなど

アナフィラキシーって何だろう？

複数のアレルギー症状が同時に、急激にあらわれることをアナフィラキシーといいます。さらに呼吸困難や血圧低下、意識障害を伴うものを特にアナフィラキシーショックといい、命にかかわる危険な状態です。

食物アレルギー調査票のご提出にご協力ください

学校生活管理指導表について

学校生活管理指導表（財団法人　日本学校保健会作成）は個々の子どものアレルギー疾患について正しく把握し、適切な対応を決定・実施するために必要となります。

学校における対応をご希望の方は、主治医または学校医に記載してもらい、担任に提出してください。

本校の食物アレルギー対応は

除去食対応です。

食物アレルギーがある人の数	
卵	名
牛乳	名
小麦	名
その他	名

食物アレルギー？と思ったら、病院へ

食物アレルギーの場合、医師の正しい診断に基づいて原因となる食べ物を食べないようにします。自己判断をするのは危険です。食物アレルギー？　と思った時は、まずは病院でみてもらいましょう。

新たに
食物アレルギーが
見つかった時は
早急に
お知らせ
ください

memo

給食試食会
素材集

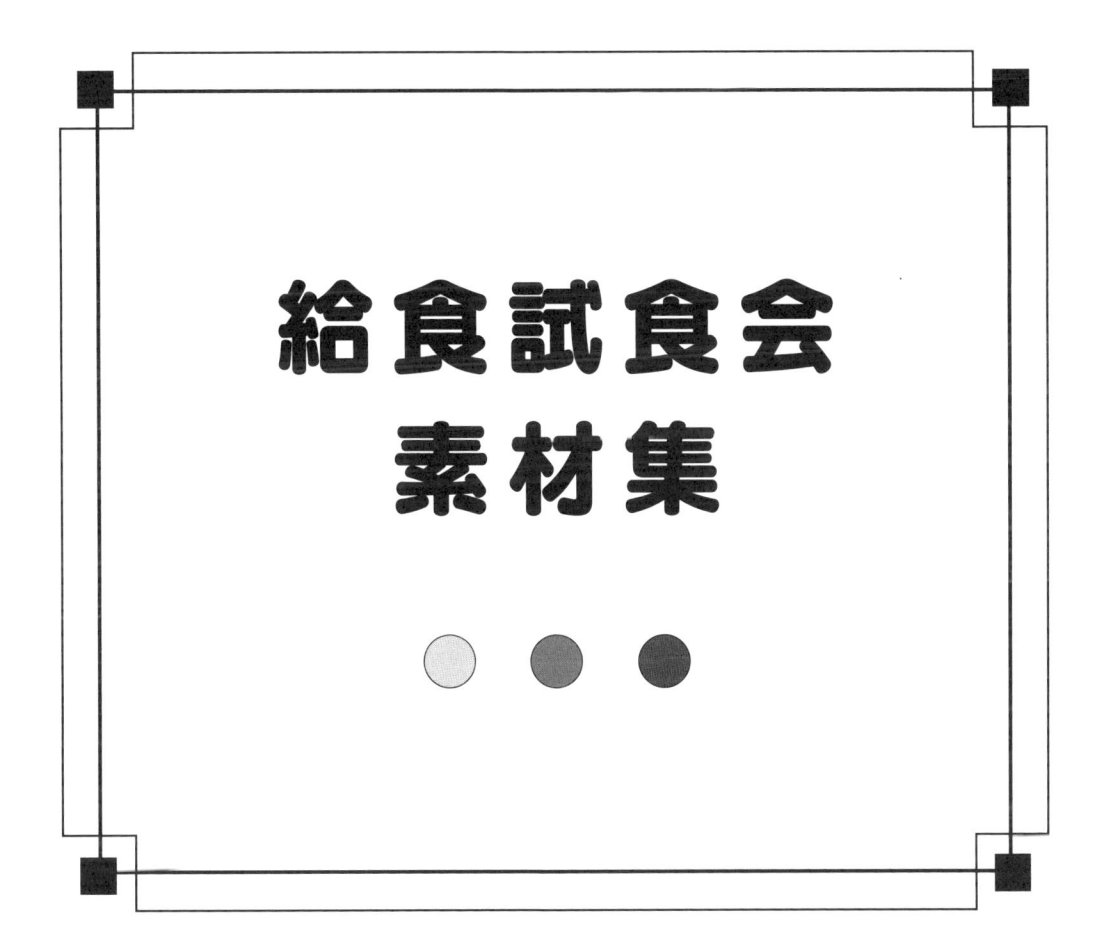

給食試食会パワーポイント素材

①

学校給食の目標

1．適切な栄養の摂取による健康の保持増進を図ること。
2．日常生活における食事について正しい理解を深め、健全な食生活を営むことができる判断力を培い、及び望ましい食習慣を養うこと。
3．学校生活を豊かにし、明るい社交性及び協同の精神を養うこと。
4．食生活が自然の恩恵の上に成り立つものであることについての理解を深め、生命及び自然を尊重する精神並びに環境の保全に寄与する態度を養うこと。
5．食生活が食にかかわる人々の様々な活動に支えられていることについての理解を深め、勤労を重んずる態度を養うこと。
6．我が国や各地域の優れた伝統的な食文化についての理解を深めること。
7．食料の生産、流通及び消費について、正しい理解に導くこと。

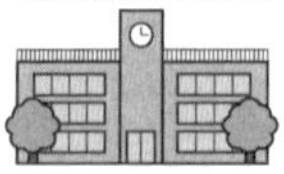

出典：『学校給食法』

出典：『学校給食法』

②

食育とは？

生きる上での基本であって、知育・徳育・体育の基礎となるものであり、さまざまな経験を通じて「食」に関する知識と「食」を選択する力を習得し、健全な食生活を実践することができる人間を育てることです。

③ 小学校版

学校給食摂取基準と今日の献立の栄養価

小学校	〈低学年〉6～7歳	〈中学年〉8～11歳	〈高学年〉10～11歳	今日の献立の栄養価
エネルギー（kcal）	530	640	750	
たんぱく質（g）（望ましい範囲）	20（16～26）	24（18～32）	28(22～38)	
脂質（%）	学校給食による摂取エネルギー全体の25～30%			
ナトリウム（食塩相当量）（g）	2未満	2.5未満	2.5未満	
カルシウム（mg）	300	350	400	
鉄（mg）	2	3	4	
ビタミンA（μgRE）	150	170	200	
ビタミンB_1（mg）	0.3	0.4	0.5	
ビタミンB_2（mg）	0.4	0.4	0.5	
ビタミンC（mg）	20	20	25	
食物繊維（g）	4	5	6	

※児童1人1回当たり。
※マグネシウム…6～7歳 70mg、8～9歳 80mg、10～11歳 110mg
亜鉛…6～7歳 2mg、8～9歳 2mg、10～11歳 3mg

出典：文部科学省「児童又は生徒一人一回当たりの学校給食摂取基準」より

※学校の状況に応じて試食会当日の献立の栄養価を入力してご活用ください。

④ 中学校版

学校給食摂取基準と今日の献立の栄養価

中学校	〈中学生〉12～14歳	今日の献立の栄養価
エネルギー（kcal）	820	
たんぱく質（g）（望ましい範囲）	30（25～40）	
脂質（%）	学校給食による摂取エネルギー全体の25～30%	
ナトリウム（食塩相当量）（g）	3未満	
カルシウム（mg）	450	
鉄（mg）	4	
ビタミンA（μgRE）	300	
ビタミンB_1（mg）	0.5	
ビタミンB_2（mg）	0.6	
ビタミンC（mg）	35	
食物繊維（g）	6.5	

※生徒1人1回当たり。
※マグネシウム…12～14歳 140mg
亜鉛…12～14歳 3mg

出典：文部科学省「児童又は生徒一人一回当たりの学校給食摂取基準」より

※学校の状況に応じて試食会当日の献立の栄養価を入力してご活用ください。

⑤

今日の献立

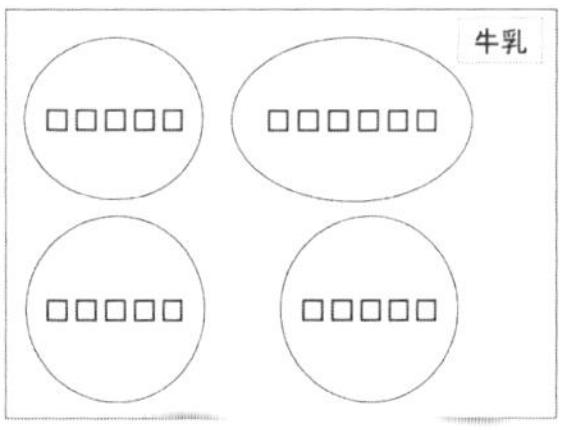

今日の献立は□□□□□□□□□□□□□□□□□□□□□□□
□□□□□□□□□□□□□□□□□□□□□□□□□□□□□□□
□□□□□□□□□□□□□□□□□□□□□□□□□□□□□□□
□□□□□□□□□□□□□□□□□□□□□□□□□□□□□□□

※学校の状況に応じて□□のところに献立名などを入力してご活用ください。

⑥

ご家庭にお願いしたいこと

・ご家庭で給食の話題を取り上げてください。
どんな給食だったか、お子さんに聞いてみてください。

・早起き・早寝・朝ごはんで生活リズムをととのえましょう。
朝ごはんは午前中のエネルギー源です。きちんと食べさせてから登校するようにお願いします。

・食べ物を食べられることに感謝を込めて
食材の命をいただくこと、生産者や調理をしてくださる人への感謝を込めて「いただきます」「ごちそうさま」のあいさつをしましょう。

・給食袋について
給食のある日は給食袋を持たせてください。

⑦

ご家庭にお願いしたいこと

・ご家庭で給食の話題を取り上げてください。
　給食の内容や食品について話題に取り上げてください。また、給食を通して食と健康について考えるきっかけにしてください。

・早起き・早寝・朝ごはんで生活リズムをととのえましょう。
　朝食は大切なエネルギー源です。集中して学習するためにきちんと食べさせましょう。また、食の自立の面から自分で朝食をとる習慣をつけさせてください。

・食べ物を大切にし、食べられることに感謝をしましょう。
　生産者や調理をしてくれる人、食材の命をいただくことなどに感謝の気持ちを持つよう、ご家庭でも話をする機会を設けてみてください。

・食事づくりや、ご家庭で食卓を囲む機会を増やしてください。
　食の自立のために食事づくりなどを積極的にかかわらせてください。また家族で食卓を囲む中で多くのことが身につきます。こうした機会を増やしてください。

⑧ 小学校版

給食費

小学校	低学年	中学年	高学年
1か月の給食費	○,○○○円	○,○○○円	○,○○○円
1食分の単価	○○○円	○○○円	○○○円

給食費は、毎月○日に口座より引き落としになります。残高不足にご注意ください。

※学校の状況に応じて給食費の金額などを入力してご活用ください。

⑨ 中学校版

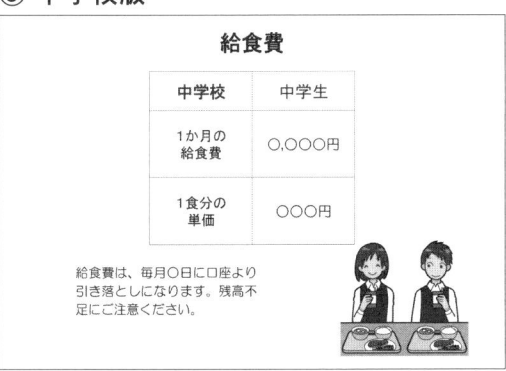

給食費

中学校	中学生
1か月の給食費	○,○○○円
1食分の単価	○○○円

給食費は、毎月○日に口座より引き落としになります。残高不足にご注意ください。

※学校の状況に応じて給食費の金額などを入力してご活用ください。

⑩

白衣について

　給食当番の時に、白衣を着用します。金曜日には白衣を持ち帰りますので、洗濯、アイロンがけをお願いします。
　また、ボタンやゴムのゆるみ、糸のほつれなどがありましたら、補修をしていただけますと助かります。
　クラスのみんなで使いますので、丁寧に扱うように、お子さんにもお話しください。よろしくお願いします。

⑪

給食だよりと献立表について

　毎月、「給食だより」と「献立表」を発行しています。「給食だより」では、給食や食に関する情報、給食室からお伝えしたいことなどを取り上げています。ぜひ、ご一読ください。
「献立表」では、1か月の献立内容を紹介しています。朝食や夕食の献立と重ならないように参考にしていただいたり、お子さんと一緒に見て、給食の話をしたりする際にご活用ください。

　学校（給食センター）で作成されている献立表やたよりなどを取り込んでご活用ください。

※学校（給食センター）で作成されている献立表やたよりなどを取り込んでご活用ください。

※このパワーポイントは給食試食会用に作成したものです。各学校の状況に応じて必要なスライドを取り出してご活用ください。

給食試食会表紙案

給食試食会の際に、保護者の方に配布する資料の表紙案を CD-ROM に収録しています。91 ページのイラストをはめ込むなどしてご活用ください。

表紙案１

Ａ４判

Ａ４判で複数枚の資料を配布する際の表紙にご活用ください。
学校名、開催日などを入力していただき、お好きなイラストなどを挿入してお使いください。

表紙案２

Ａ３判二つ折り

Ａ３判の二つ折りの冊子として資料を配布する場合には、このデザインが便利です。

表紙案３

Ｂ４判三つ折り

資料をコンパクトに配布したい時などに、ご活用ください。

①

②

③

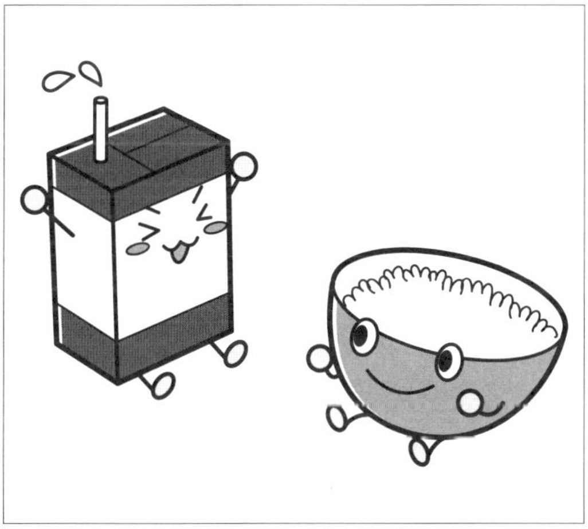

④

⑤

⑥

たより素材

学校給食の目標

①適切な栄養の摂取による健康の保持増進を図ること。	②日常生活における食事について正しい理解を深め、健全な食生活を営むことができる判断力を培い、及び望ましい食習慣を養うこと。	③学校生活を豊かにし、明るい社交性及び協同の精神を養うこと。	④食生活が自然の恩恵の上に成り立つものであることについての理解を深め、生命及び自然を尊重する精神並びに環境の保全に寄与する態度を養うこと。
⑤食生活が食にかかわる人々の様々な活動に支えられていることについての理解を深め、勤労を重んずる態度を養うこと。	⑥我が国や各地域の優れた伝統的な食文化についての理解を深めること。	⑦食料の生産、流通及び消費について、正しい理解に導くこと。	

出典：『学校給食法』

家庭での食事を大切に

1年間の食事回数は 1095 回（1日3回×365 日）です。そのうち給食が占める回数は約1／6です。ぜひとも、家庭での食事が重要であることを認識して、大切にしてください。

学校給食は安心・安全を心がけています！

毎月、献立表を発行しています。朝食や夕食のメニューが重ならないように、献立表を参考にしてください。

給食費について

	低学年	中学年	高学年
1か月の給食費	〇,〇〇〇円	〇,〇〇〇円	〇,〇〇〇円
1食の単価	〇〇〇円	〇〇〇円	〇〇〇円

給食費は、毎月〇日に口座より引き落としになります。残高不足にご注意ください。

給食費について

	中学生
1か月の給食費	〇,〇〇〇円
1食の単価	〇〇〇円

給食費は、毎月〇日に口座より引き落としになります。残高不足にご注意ください。

ご家庭へのお願い

給食当番の時に着用した白衣を週末に持ち帰ります。洗濯、アイロンがけをお願いします。また、ボタンのゆるみなどがありましたら、補修をお願いいたします。

食育とは？

生きる上での基本であって、知育・徳育・体育の基礎となるものであり、さまざまな経験を通じて「食」に関する知識と「食」を選択する力を習得し、健全な食生活を実践することができる人間を育てることです。

知育　徳育　体育

食育

学校給食は生きた教材です！

学校給食は、食に関する知識や実践力を身につけるために、大切な教材となります。

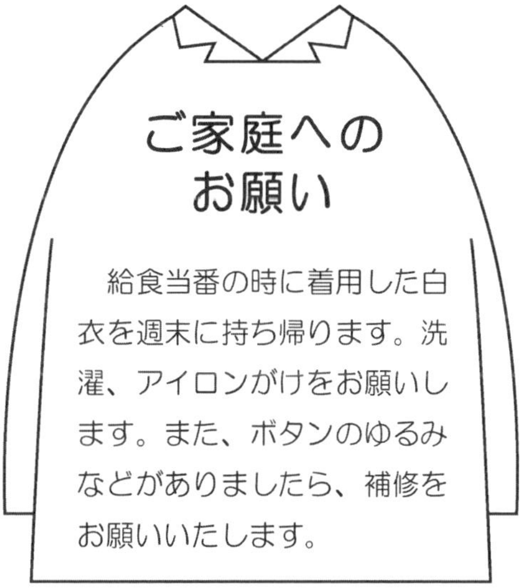

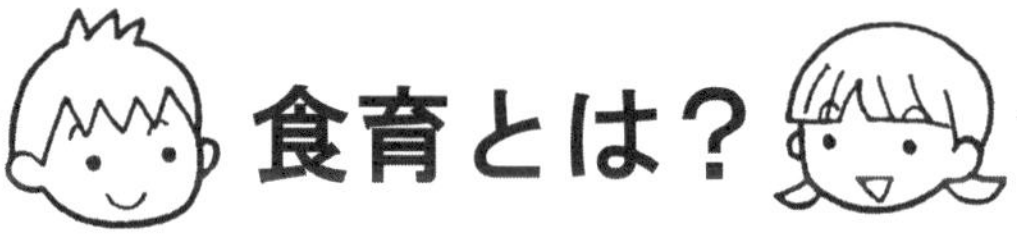

〇〇したい！そんな時の

本書の使い方

このページでは、本書の使い方の一例をご紹介します。

朝ごはんと学力について短時間で指導をしたい

そんな時は▶ P16 ～ 19 をご活用ください。

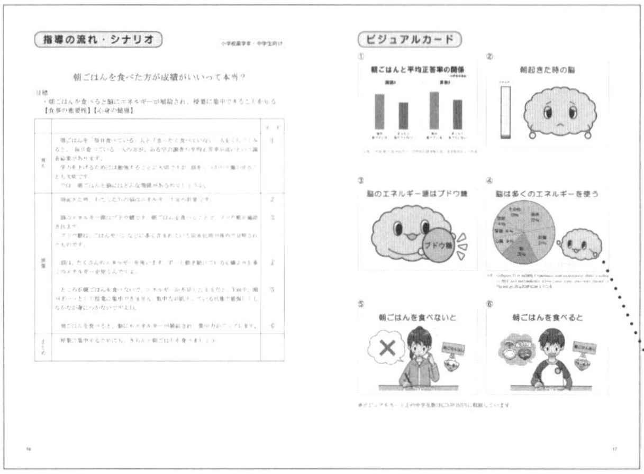

「朝ごはんを食べた方が成績がいいって本当？」というテーマで短時間でできる指導を掲載しています。朝ごはんと平均正答率の関係を示したグラフは小学生版と中学生版をCD-ROMに収録しています。

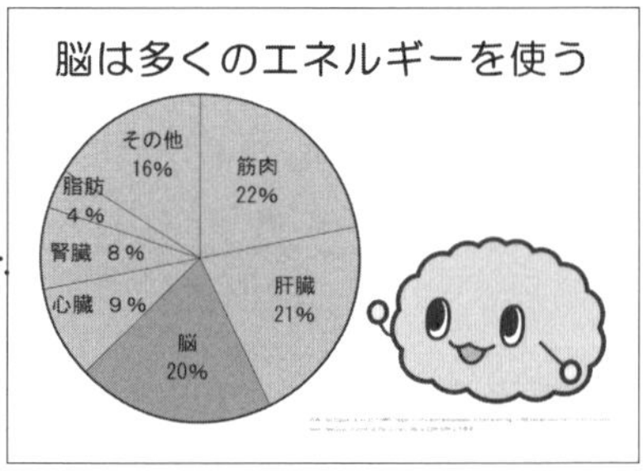

中学生向けの指導や掲示物の資料をつくりたい

そんな時は▶ P10 ～ 15、P16 ～ 19、P28 ～ 33、P44 ～ 47、P58 ～ 61、P68 ～ 71、P80 ～ 83 などをご活用ください。

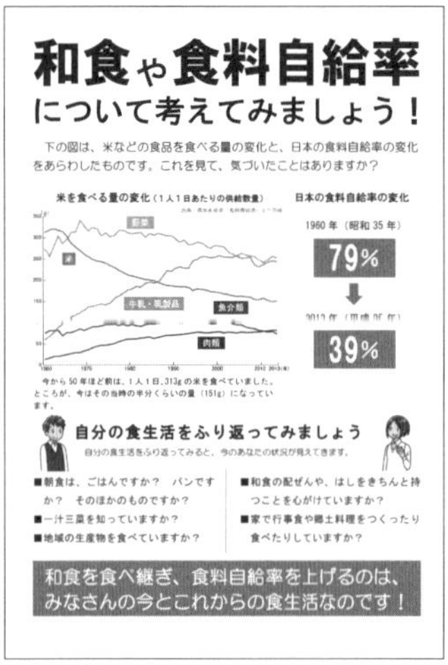

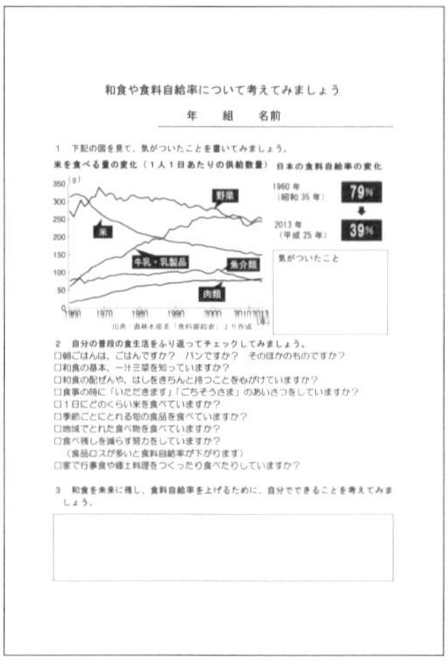

本書には、和食や6つの基礎食品群、きらいばしなど、中学生の指導に使える内容も充実しています。中学生向けと書かれていない「指導の流れ・シナリオ」であっても、書きかえができるWordファイルで収録しているので、文章を変更するなどしてお使いいただけます。

食物アレルギーの子がいるクラスで話をしたい

そんな時は▶ P74 ~ 79 をご活用ください。

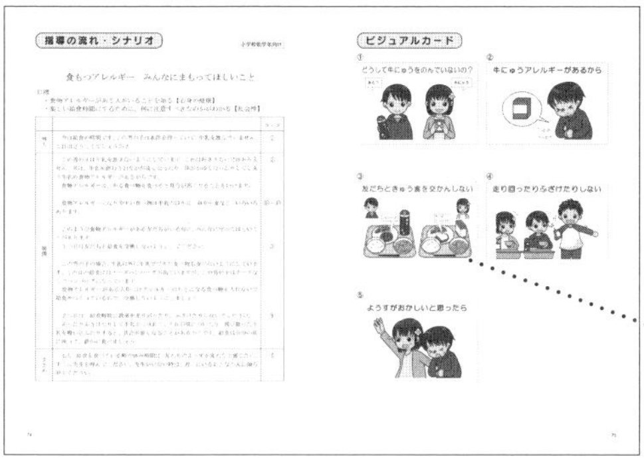

食物アレルギーのことや食物アレルギーの子がいる時に守ってほしいことなどをわかりやすく伝えることができる指導を掲載しています。

子どもたちへの指導内容を保護者に伝えたい

そんな時は▶ P20-21、P34-35、P48-49、P62-63、P72-73、P84-85 をご活用ください。

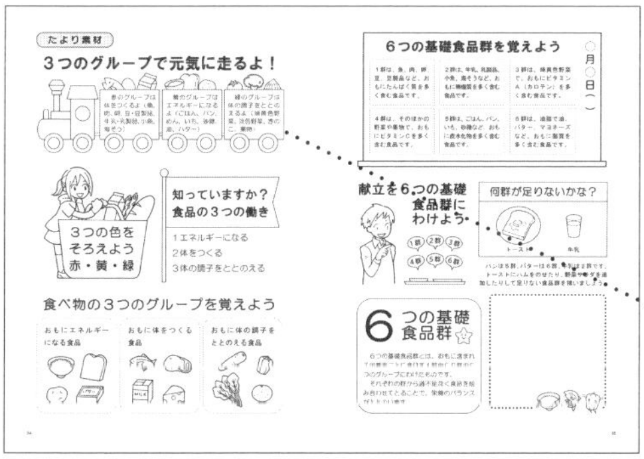

それぞれの指導に関連させた「たより素材」を掲載しています。子どもたちへの指導を家庭へと伝えるためにご活用ください。

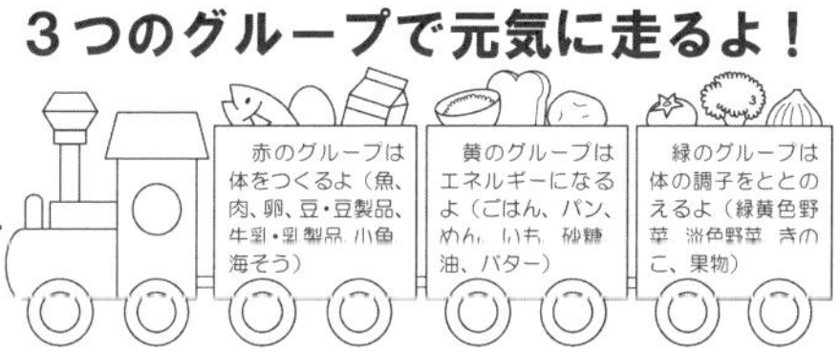

給食試食会の資料や配布物をつくりたい

そんな時は▶ P88 ~ 93 をご活用ください。

給食試食会の資料作成に役立つパワーポイント素材や資料の表紙案などを掲載しています。各学校の資料と組み合わせるなどしてご活用ください。

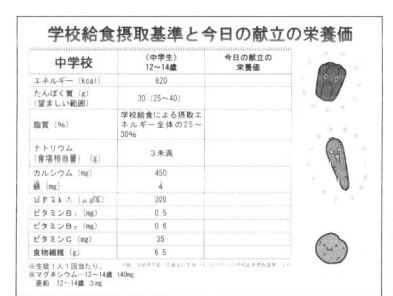

学校給食摂取基準と今日の献立の栄養価

中学校	〈中学生〉12～14歳	今日の献立の栄養価
エネルギー（kcal）	820	
たんぱく質（g）（望ましい範囲）	30（25～40）	
脂質（%）	学校給食による摂取エネルギー全体の25～30%	
ナトリウム（食塩相当量）（g）	3未満	
カルシウム（mg）	450	
鉄（mg）	4	
ビタミンA（μgRE）	300	
ビタミンB₁（mg）	0.5	
ビタミンB₂（mg）	0.6	
ビタミンC（mg）	35	
食物繊維（g）	6.5	

※生徒1人1回当たり。
※マグネシウム…12～14歳 140mg
亜鉛 12～14歳 3mg

ご家庭にお願いしたいこと

・ご家庭で給食の話題を取り上げてください。
どんな給食だったか、お子さんに聞いてみてください。

・早起き・早寝・朝ごはんで生活リズムをととのえましょう。
朝ごはんは午前中のエネルギー源です。きちんと食べさせてから登校するようにお願いします。

・食べ物を食べられることに感謝を込めて
食材の命をいただくこと、生産者や調理をしてくださる人への感謝を込めて「いただきます」「ごちそうさま」のあいさつをしましょう。

・給食袋について
給食のある日は給食袋を持たせてください。

CD-ROM の構成

CD-ROM を開くと食育サポート教材と給食試食会素材集のフォルダが下記のように収録されています。

● CD-ROM 内のフォルダ　7 フォルダ

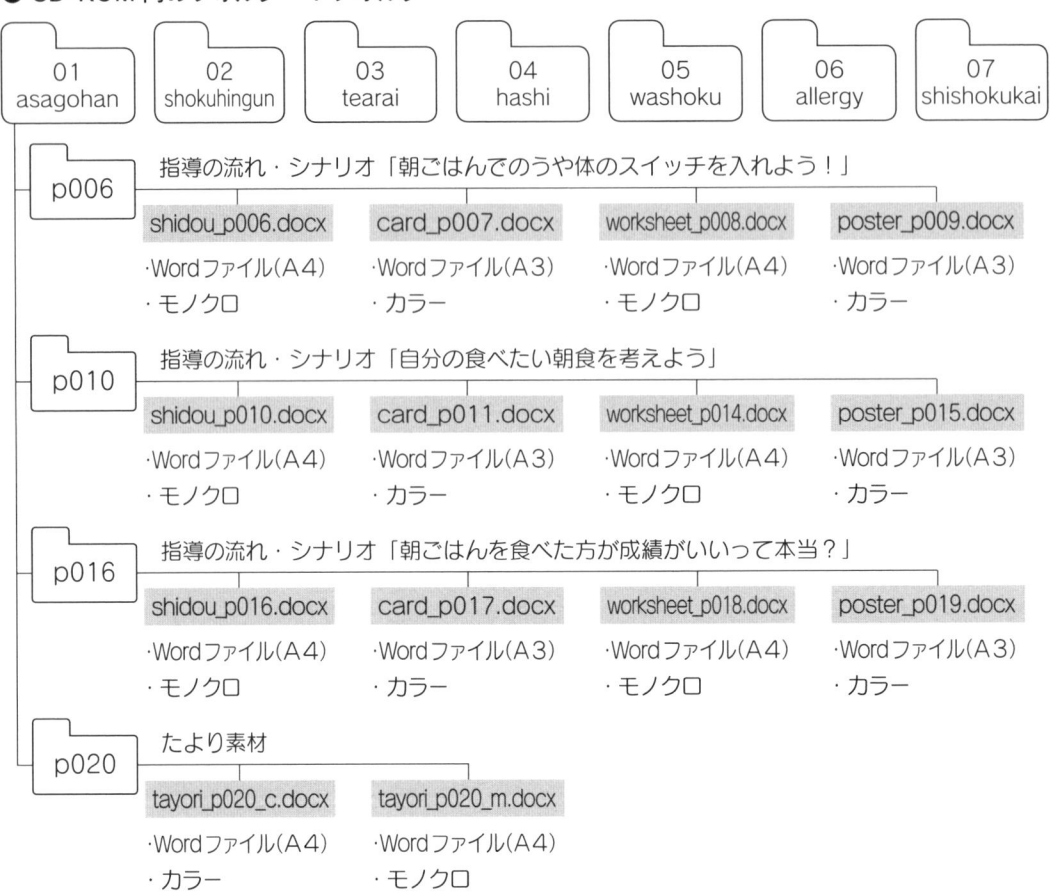

- 01 asagohan
- 02 shokuhingun
- 03 tearai
- 04 hashi
- 05 washoku
- 06 allergy
- 07 shishokukai

01 asagohan

- p006　指導の流れ・シナリオ「朝ごはんでのうや体のスイッチを入れよう！」
  - shidou_p006.docx　·Wordファイル(A4)　・モノクロ
  - card_p007.docx　·Wordファイル(A3)　・カラー
  - worksheet_p008.docx　·Wordファイル(A4)　・モノクロ
  - poster_p009.docx　·Wordファイル(A3)　・カラー
- p010　指導の流れ・シナリオ「自分の食べたい朝食を考えよう」
  - shidou_p010.docx　·Wordファイル(A4)　・モノクロ
  - card_p011.docx　·Wordファイル(A3)　・カラー
  - worksheet_p014.docx　·Wordファイル(A4)　・モノクロ
  - poster_p015.docx　·Wordファイル(A3)　・カラー
- p016　指導の流れ・シナリオ「朝ごはんを食べた方が成績がいいって本当？」
  - shidou_p016.docx　·Wordファイル(A4)　・モノクロ
  - card_p017.docx　·Wordファイル(A3)　・カラー
  - worksheet_p018.docx　·Wordファイル(A4)　・モノクロ
  - poster_p019.docx　·Wordファイル(A3)　・カラー
- p020　たより素材
  - tayori_p020_c.docx　·Wordファイル(A4)　・カラー
  - tayori_p020_m.docx　·Wordファイル(A4)　・モノクロ

※本書内でビジュアルカードやたよりが2ページ以上にわたっている場合は、最初のページのファイルに収録しています。

●ご使用にあたっての注意

CD-ROM が入った袋を開封しますと、以下の内容を了解したものと判断いたします。

【CD-ROM を使用するためのパソコンの環境について】

・CD-ROM ドライブ、またはそれ以上の CD-ROM の読み込みができるドライブ。

・Microsoft Word 形式（拡張子が～ .docx）のファイルを開くことができるワープロソフト、および、Microsoft PowerPoint 形式（拡張子が～ .pptx）のファイルを開くことができるプレゼンテーションソフト。

■著作権に関しまして

・本書付属の CD-ROM に収録されているすべてのデータの著作権および許諾権は株式会社少年写真新聞社に帰属します。

・学校内での使用、児童生徒・保護者向けの配布物に使用する目的であれば自由にお使いいただけます。

・商業誌等やインターネット上での使用はできません。

・データをコピーして他人に配布すること、ネットワーク上にダウンロード可能な状態で置くことはできません。

■ご使用上の注意点

・この CD-ROM はパソコン専用です。音楽用 CD プレーヤー、DVD プレーヤー、ゲーム機等で使用しますと、機器に故障が発生するおそれがありますので、絶対に使用しないでください。

・CD-ROM 内のデータ、あるいはプログラムによって引き起こされた問題や損失に対しては、弊社はいかなる補償もいたしません。本製品の製造上での欠陥につきましてはお取り替えいたしますが、それ以外の要求には応じられません。

CD-ROM の使い方

以下は Windows7 で Microsoft Word2010 および Microsoft PowerPoint2010 を動作させた場合の入力例です。お使いのパソコンの OS やソフトのバージョンによって違いがありますので、それぞれのマニュアルで確認してください。

○ CD-ROM を開く

付属の CD-ROM をパソコンのドライブに入れます。画面上に「自動再生」の画面が表示されます。リストから「フォルダーを開いてファイルを表示」をクリックします。

○ファイルを開いて名前をつけて保存する

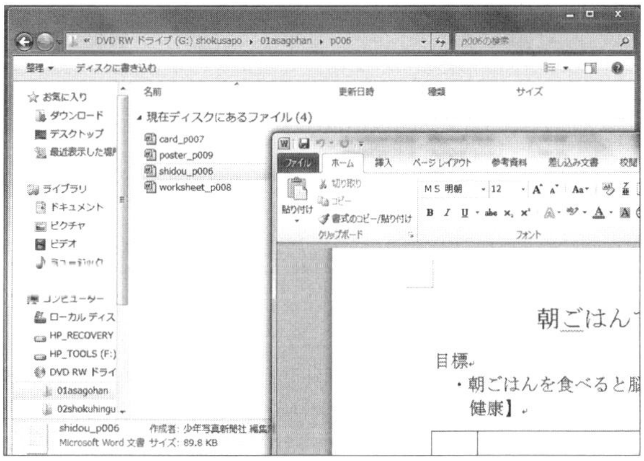

「01asagohan」「02shokuhingun」などの中から使いたいテーマのフォルダを開き、該当するページのフォルダを開きます。Word のファイルをダブルクリックすると Word が起動します。PowerPoint の場合も同様に起動できます。

「ファイル」タブをクリックし、「名前を付けて保存」を選択すると、画面が表示されます。保存先を指定し、「保存」をクリックします。

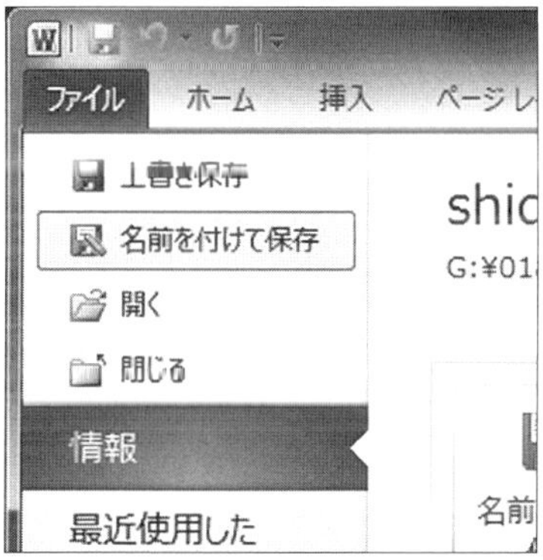

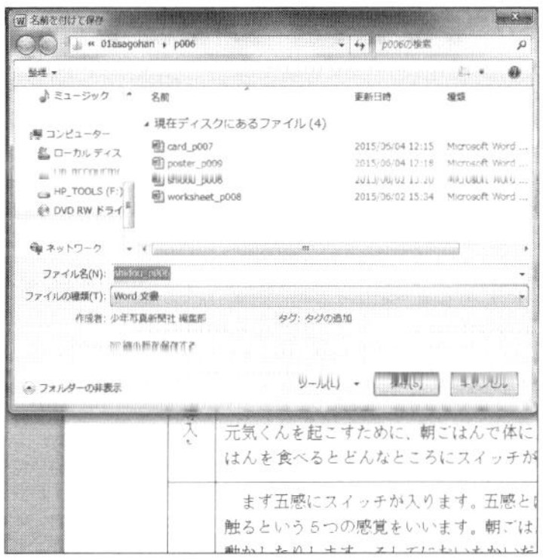

※保存したいデータを「ctrl ＋C」またはマウスの右クリックでコピーします。ドラッグ＆ドロップのやり方でもコピーできます。使いやすい方法で保存してください。

○指導の流れ・シナリオの文字をかえる

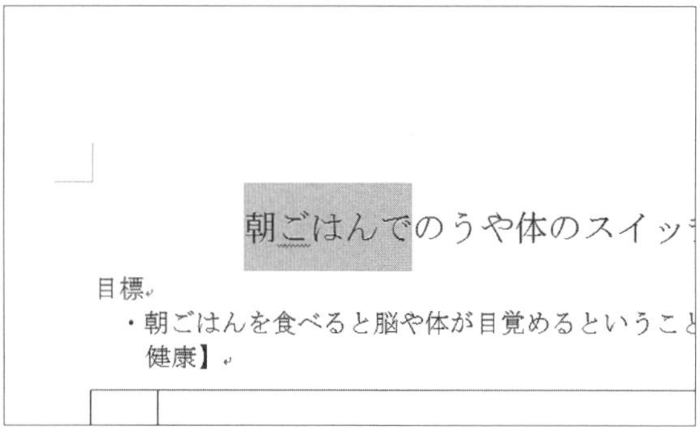

変更したい文章の左端にカーソルを合わせ、クリックしたまま右方向へマウスを動かす（ドラッグする）と、文字が選択されます。

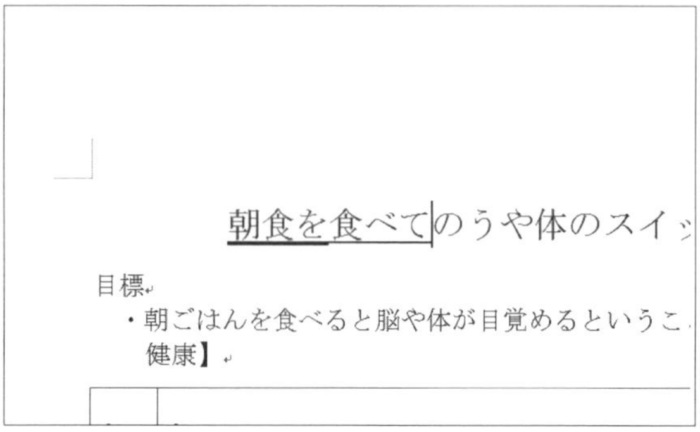

そのまま文字を入力します。修正した新しい文章が上書きされます。

○ビジュアルカードの文字の書体、サイズ、色をかえる

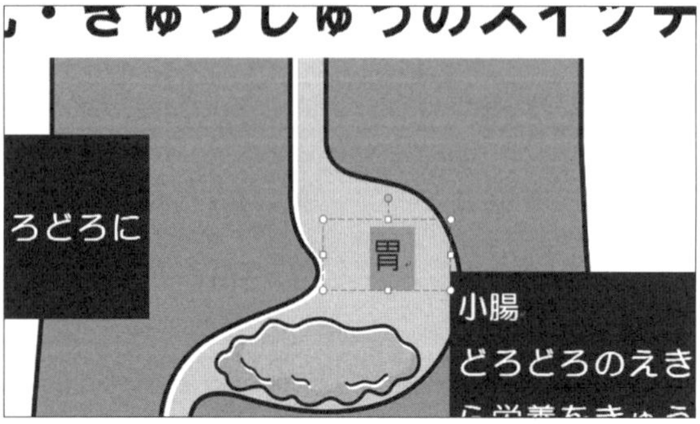

文字の書体やサイズ、色などを変更することができます。

変更したい文字をドラッグして選択します。

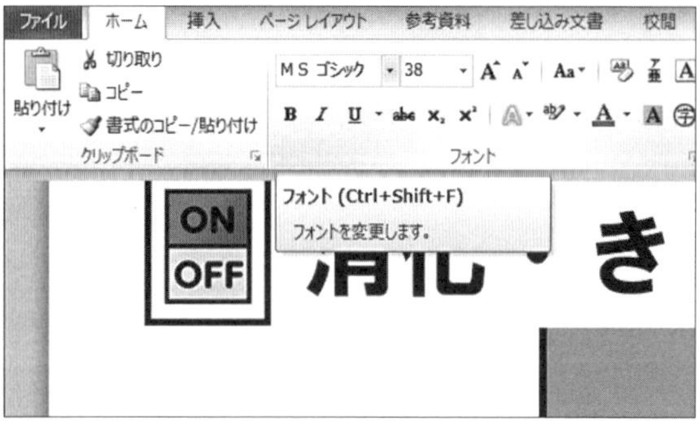

「ホーム」タブの「フォント」グループから、それぞれのボタンをクリックして、書体、サイズ、色を変更します。ほかにも太字や斜体などを設定することができます。

○ビジュアルカードにテキストボックスを挿入する

「挿入」タブの「テキストボックス」を選択し、「シンプル - テキストボックス」をクリックすると、自動でテキストボックスが挿入されます。

テキストボックスの位置や大きさなどは後でかえることができます。

挿入したテキストボックスに文字を入力し、書体やサイズ、色などを設定します。今回は、「見る」の横に「視覚」と追加します。

○ビジュアルカードのテキストボックスの色をかえる

テキストボックスの枠線上をクリックすると、テキストボックスが選択され、移動や変更ができるようになります。

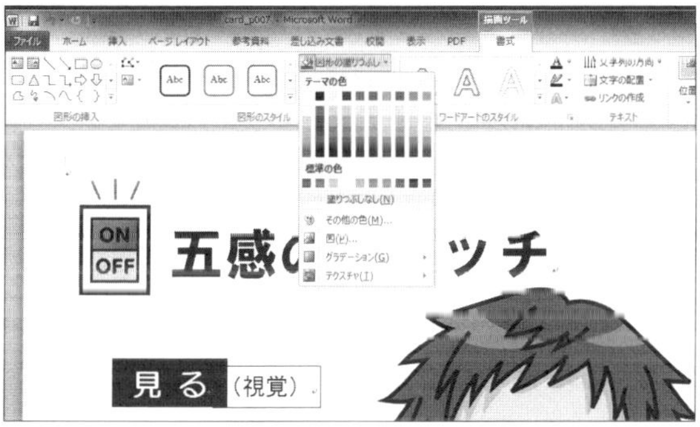

「描画ツール」の「書式」タブの「図形の塗りつぶし」や「図形の枠線」をクリックすると、テキストボックスの色を変更することができます。ほかにも影をつけるなどの設定ができます。

○ビジュアルカードのテキストボックスの形をかえる

クリックした時にリボンに「描画ツール」と表示される図形については、形を簡単に変更することができます。テキストボックスや図形をクリックして選択し、「描画ツール」の「書式」タブの「図形の編集」を選択し、「図形の変更」をクリックします。

「四角形」や「基本図形」などから変更したい図形を選択します。今回は、「正方形 / 長方形」から、「円 / 楕円」に変更します。文字が入らないようなら、サイズを調整します。

○ワークシートにルビをつける

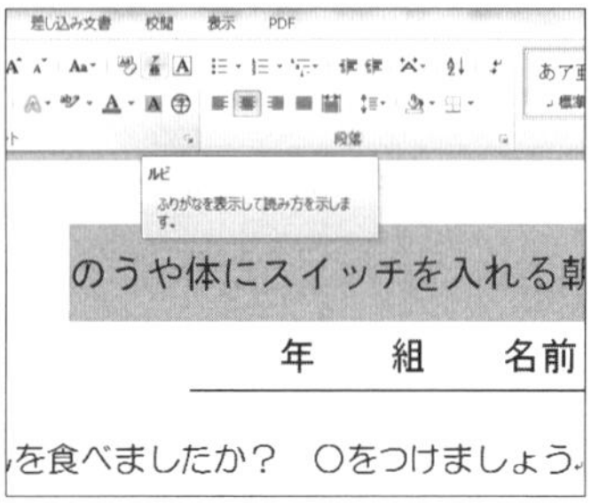

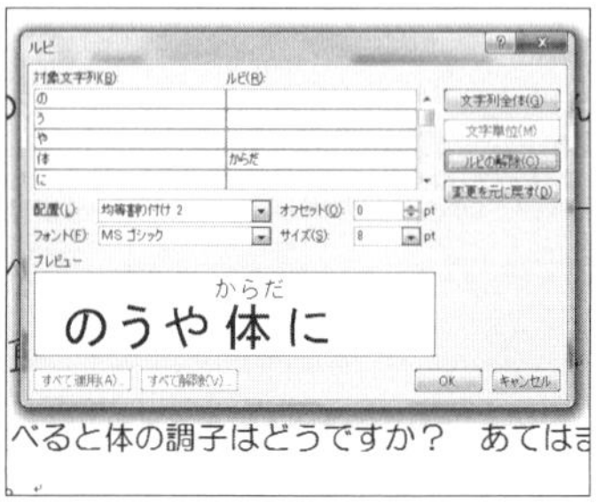

ルビをつけたい文章をドラッグして選択し、「ホーム」タブの「ルビ亜」をクリックします。「ルビ」の画面が表示されるので、ルビを入力し、「OK」をクリックします。

ルビは、文字列全体や文字単位でつけることができます。

●ルビをつけたら行間がかわった！

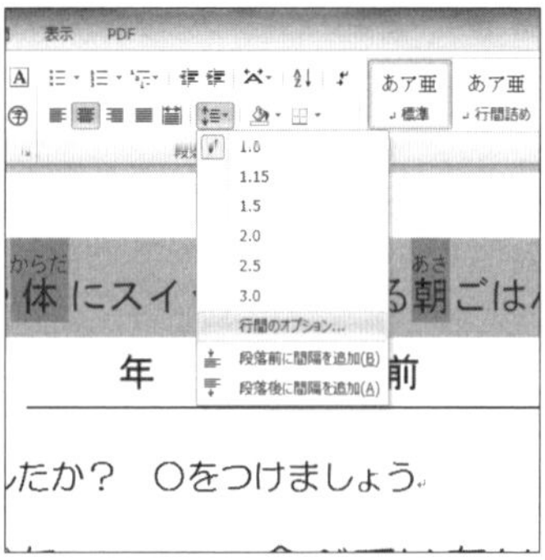

「ホーム」タブの「行間」を選択し、「行間のオプション」をクリックします。「段落」の画面が表示されるので、「行間」の▼をクリックして「固定値」を選択し、「間隔」に数値を入力して、調整します。

○試食会表紙案のイラストをかえる

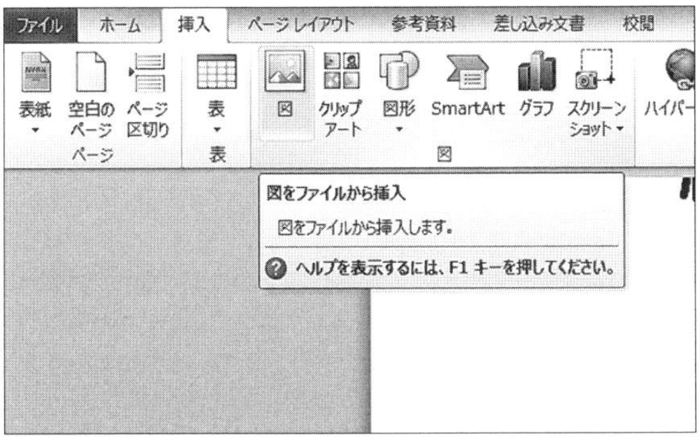

表紙案１に挿入されているイラストを削除します。
「挿入」タブの「図」をクリックします。

「図の挿入」の画面が表示されるので、挿入したいイラストを選択して、「挿入」をクリックします。

イラストなどを挿入すると、一時的にレイアウトがくずれる場合があります。「図ツール」の「書式」タブの「文字列の折り返し」を選択し、「前面」をクリックします。

○試食会表紙案のイラストのサイズをかえる

イラストをクリックして選択します。角の○または辺上の□をクリックしたままマウスを動かし、目的の大きさにします。この時、イラストの縦と横の比率がかわらないように注意しましょう。

○試食会資料の PowerPoint のスライドを新しいプレゼンテーションにはりつける

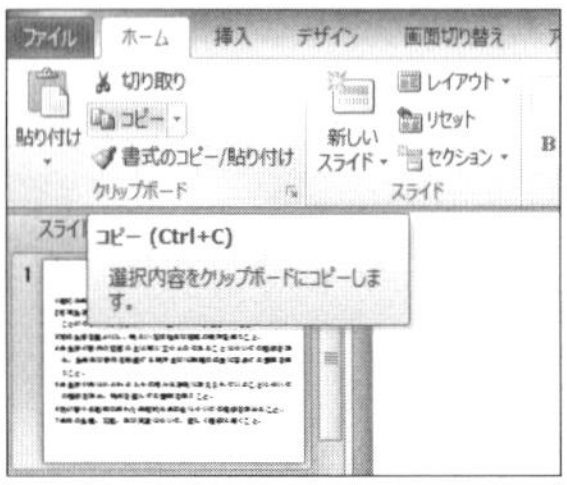

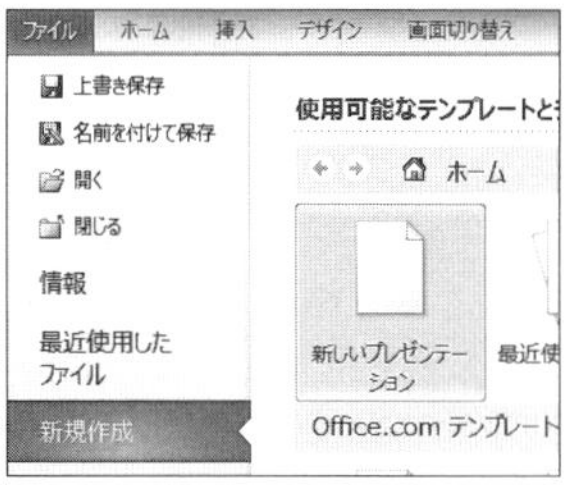

コピーしたいスライドをクリックして選択し、「ホーム」タブの「コピー」をクリックします。「ファイル」タブの「新規作成」から「新しいプレゼンテーション」をクリックし、はりつけます。

○試食会資料の PowerPoint の「今日の献立の栄養価」に数値を記入する

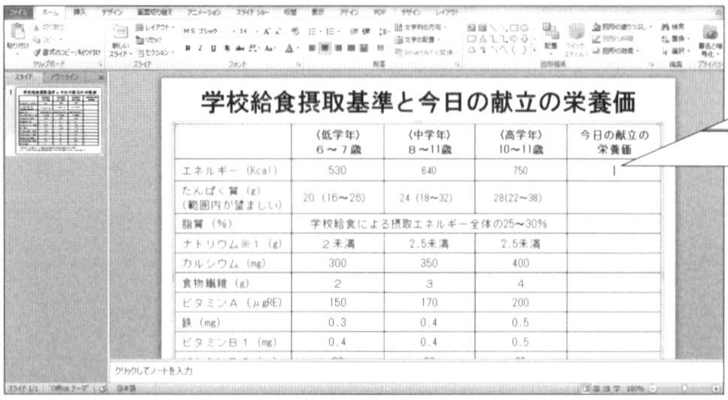

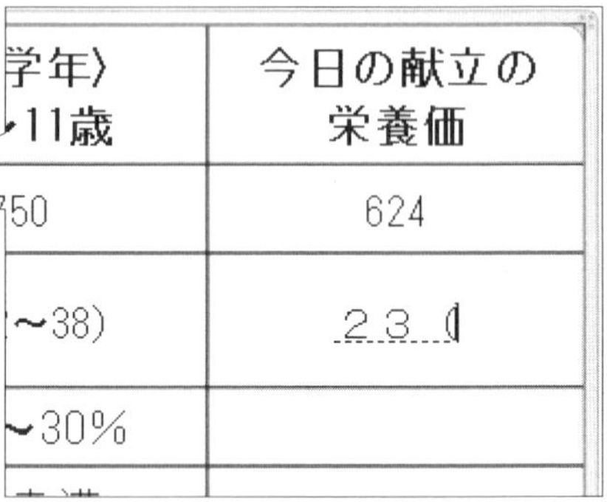

「学校給食摂取基準と今日の献立の栄養価」のスライドの「今日の献立の栄養価」の空欄をクリックします。表が選択されて、文字が入力できるようになります。

○試食会資料の PowerPoint に自校の給食だよりをはりつける

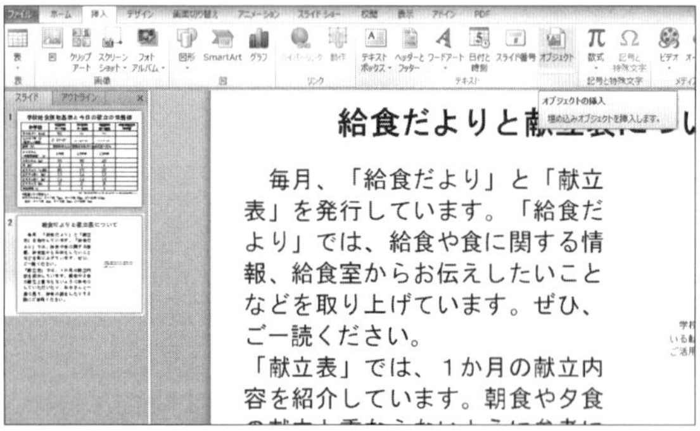

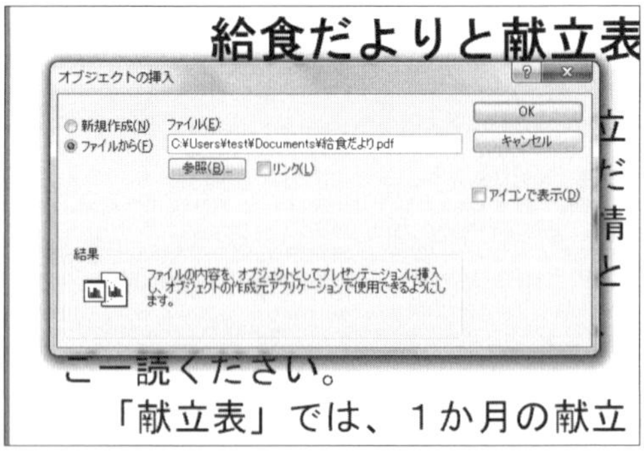

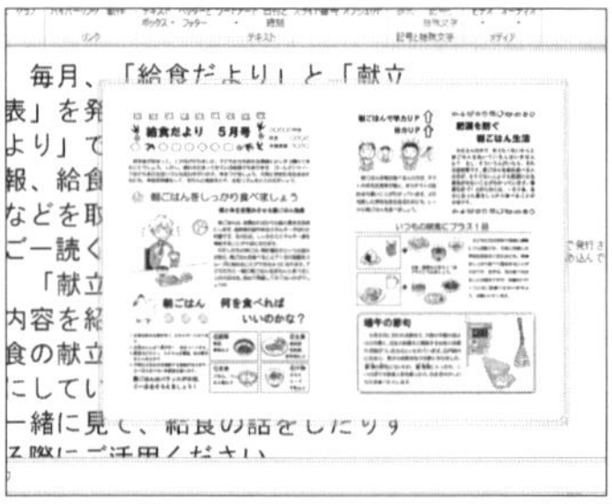

自校の給食だよりの PDF ファイルなどを用意します。「挿入」タブの「オブジェクト」を選択します。「オブジェクトの挿入」の画面が表示されるので、「ファイルから」を選択し、「参照」をクリックします。自校の給食だよりのファイルを選択し、「OK」をクリックします。

挿入されたら、サイズを調整します。

ご購入者さまへの特別なお知らせ
手洗い動画ダウンロードサービス！

　このたびは『サッと使えて しっかり指導！ 食育サポート集①』をご購入いただきまして、誠にありがとうございます。本書をご購入いただいた方への特典として、手洗いのようすを撮影した動画のダウンロードサービスを実施しております。ぜひ、下記のURLにアクセスしてみてください。

動画：「しっかり手を洗おう」 上映時間 約２分

しっかり
手を洗おう

指の間を洗います

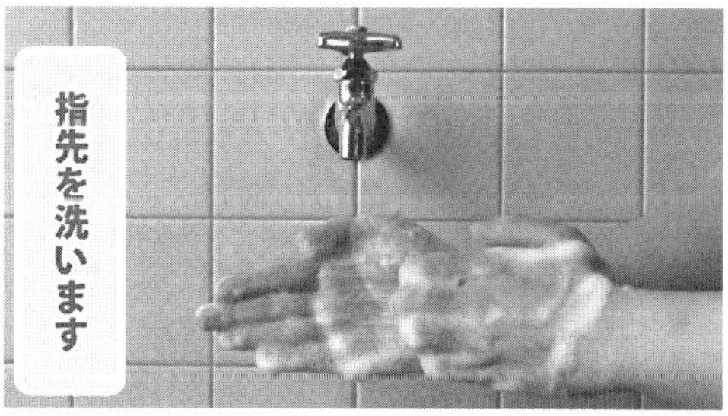
指先を洗います

※これは、動画「しっかり手を洗おう」の映像の一部です。

下記のURLにアクセスすると、動画「しっかり手を洗おう」をダウンロードすることができます。

http://www.schoolpress.co.jp/5286-tearai.htm

参考文献

『学校給食法』

『食に関する指導の手引−第１次改訂版−』文部科学省

『日本食品標準成分表 2010』文部科学省 科学技術・学術審議会 資源調査分科会

『平成 26 年度全国学力・学習状況調査報告書』文部科学省

『学校給食調理場における手洗いマニュアル』文部科学省

『学校のアレルギー疾患に対する取り組みガイドライン』
文部科学省スポーツ青少年局 学校健康教育課監修 日本学校保健会発行

「学校給食における食物アレルギー対応指針」文部科学省

『厚生労働科学研究班による食物アレルギーの栄養指導の手引き 2011』
「食物アレルギーの栄養指導の手引き 2011」検討委員会

『和食を未来へ。』農林水産省

『和食 WASHOKU- 日本人の伝統的な食文化 -』農林水産省

『和食；日本人の伝統的な食文化』熊倉功夫編 農林水産省

『早起き 早寝 朝ごはん』香川靖雄・神山潤共著 少年写真新聞社刊

『食育にすぐに活用できる教材シリーズ 朝ごはん』監修・指導 金田雅代 少年写真新聞社刊

『健康・栄養科学シリーズ 基礎栄養学』奥恒行 柴田克己編集 南江堂刊

『新編　新しい家庭５・６』渡邊彩子ほか 13 名著　東京書籍刊

『小学校 わたしたちの家庭科５・６』内野紀子 鳴海多恵子 石井克枝ほか 開隆堂出版刊

『新しい技術・家庭科　家庭分野』佐藤文子 金子佳代子ほか 59 名著 東京書籍刊

『技術・家庭 [家庭分野]』鶴田敦子ほか 62 名著 開隆堂出版刊

『ネオエスカ 基礎栄養学』江指隆年 中島洋子編著 同文書院刊

『手洗いハンドブック』公益財団法人 日本ユニセフ協会

『箸の文化史』一色八郎著 御茶の水書房刊

『お箸の秘密』三田村有純著 里文出版刊

『もちかた・つかいかたトレーニング』谷田貝公昭監修 箸づかいトレーニング指導 熊澤彰 学習研究社刊

『食物アレルギー対応プチサポート CD-ROM』今井孝成監修 少年写真新聞社

内閣府 HP　文部科学省 HP　厚生労働省 HP　農林水産省 HP　総務省 HP

独立行政法人 日本スポーツ振興センター HP　公益財団法人 日本ユニセフ協会 HP

『給食ニュース』No.1351 No.1447 No.1500 付録 No.1508 No.1636

サッと使えて しっかり指導！ 食育サポート集① [CD-ROM つき]

2015 年７月 21 日　初版第１刷発行　　2017 年８月９日　初版第２刷発行

少年写真新聞社　『給食ニュース』編集部　編

発　行　人　松本　恒

発　行　所　株式会社　少年写真新聞社　〒102-8232 東京都千代田区九段南 4 - 7 -16 市ヶ谷 KT ビル I

TEL 03-3264-2624　FAX 03-5276-7785

URL http://www.schoolpress.co.jp/

印　刷　所　図書印刷株式会社

ISBN978-4-87981-528-6　C3037

スタッフ　■編集　二瓶奈保美 渡辺みずき 吹田萌羽　■イラスト　佐竹歩美　■DTP　金子恵美　■校正　石井理抄子　■編集長　北村摩理